浙江省习近平新时代中国特色社会主义
思想研究中心省委党校基地资助成果

"村改居"社区：
生成逻辑与治理创新

"Cun Gai Ju"Communities:
Generation Logic and Governance Innovation

屈群苹◎著

人民出版社

序　言

　　自滕尼斯的《共同体与社区》问世以来,社区就成为学界经久不衰的研究议题。伴随城市化的全面推进,从农村社区到城市社区,每个人都在感受和体验着不同层面、不同内容和不同形式的"进社区"的进程。各地推行的各种类型的"村改居",是实现乡土粘连与现代移民两种"进社区"形式相兼容的有效路径,为当下中国众多人群营造了一种独特的居住空间、生活环境和交往方式,同时也对社区治理提出了一系列新挑战。

　　城市化和乡村振兴是推行"村改居"的重要背景。城市化背景下"村改居"是城市和农村两种管理体制转换衔接的实践方式,反映了我国经济社会发展过程中城乡互动的一面,也体现了国家、市场与社会等不同利益主体间的互动。"村改居"作为新型城镇化进程中的过渡性产物,衍生出城与乡、现代与传统等复杂的情况。如何在城乡管理体制转换衔接以及城乡利益关系平衡协调的基础上实现治理创新是城市化发展过程的重要命题。易地搬迁"村改居"是我国乡村振兴背景下出现的一种新型"村改居"模式。通过撤村建居,将缺乏基本生存和发展条件的农村贫困人口搬迁安置到城镇地区，建立新的社区，实现了居民生存条件的升级，也促进了居民生产方式与价值观念的转型，促进了城乡差距、区域差距和居民收入差距的缩小。但易地搬迁"村改居"实践也衍生出了组织体系转型、居民社区适应和乡村文化传承等一系列非预期性问题。

"村改居"这一中国独有的社区建设路径，及其构造的人群聚合空间、生活样态，形成了城乡社区的叠加景观与治理难题，同时也蕴含差异化的空间设置、问题生成逻辑与治理路径。屈群苹的新著《"村改居"社区：生成逻辑与治理创新》，立足于扎实的案例分析，对我国目前"村改居"实践及其形成的多种社区，进行了深入类型学分析，深入地探讨了各种"村改居"实践的发生逻辑，以及由此形成的独特社区的运行机理，并就如何破解"村改居"社区的治理难题，提出了学理思路。本书的出版，相信有助于我们更加深入、更加全面地理解中国城市化的实际进程，特别是它给人们生活空间、生活方式和交往方式变迁带来的深刻影响，拓展我们对未来中国城市社区治理体系创新的空间。

何显明

2022 年 6 月 12 日

目　录

导　论

第一节　研究缘起

改革开放四十多年以来,借助城市化和工业化双向动力,中国在经济社会建设方面取得了举世瞩目的成就。中国经济取得巨大进步的进程,也是城市化①得以大力推进的过程。在这一进程中实施的"村改居"正是为建立一种新型的社区整合机制而做的有益探索,其实施具有独特的时代背景和深远的社会影响。

一、"村改居"实施背景

1. 城市化进程不断深入

城市化是一个社会经济结构、人口和生活特征由农村向城市

---

① 一般而言,城市化与城镇化含义存有争议。在中国语境下,城市化与城镇化有细微差异,城市化是指人口向城市集中的过程,城镇化是农村人口向县域范围内的城镇集中的过程。详见田明:《城镇化与城市化及其确切含义》,《学习时报》2014 年 4 月 9 日。另外,对我国城市化的路径,主要经历了三个阶段:首先是农村劳动力进城务工所带来的身份、地位变更的过程;其次是 20 世纪 90 年代中小城镇的快速发展,成为城市化的主流;最后是当前阶段由于政府对土地的征用以及大规模城市郊区的发展,导致农村要素全面向城市要素转变的过程。

全方位转变的过程。恰如诺贝尔经济学奖获得者约瑟夫·斯蒂格利茨教授所言,中国的城镇化与美国的高科技并列为影响 21 世纪人类发展进程的两大关键因素。据国家统计局发布的我国 2020 年国民经济和社会发展统计公报显示,2020 年年末,我国常住人口城镇化率超过 60%。中国社会科学院农村发展研究所、中国社会科学出版社联合发布的《中国农村发展报告 2020》预计,到 2025 年中国城镇化率将达 65.5%。城镇化改变着传统村落社区的空间格局与物理景观。

在城市化的进程中,正确处理好城市与农村的协调发展是必须面对的问题。为此,党和国家提出了旨在缩小城乡差距的城镇化建设、加快社会主义新农村建设的政策主张。2006 年 10 月党的十六届六中全会决议中提出:"全面开展城市社区建设,积极推进农村社区建设,健全新型社区管理和服务体制,把社区建设成为管理有序、服务完善、文明祥和的社会生活共同体。"此次会议首次提出"农村社区建设"的概念,是党和国家推动城镇化建设、缩小城乡差距工作的重大进展,推动了社会主义新农村建设的步伐。在此基础上,党的十七届三中全会进一步提出了"破除城乡二元结构、形成城乡经济社会发展一体化的新格局"。20 世纪 90 年代以来,随着城镇化进程的不断加快,在基层政府的主导和推动下,城市周边或镇所在地的一些村委会在"农转非"的同时相继进行"村改居"。

在党的引领和基层政府推动下,城市周边的一些村委会在撤村建居、并村建居的城镇化过程中,将村民以集中居住的方式安置到城镇回迁社区,原村民身份变更为居民,村委会转为居委会。其居住空间布局和治理模式都发生了较大变化,基层管理组织的职能逐渐从以发展经济为主向以提供社区管理和公共服务为主转变,同时开始建立与城市社区工作相衔接的制度。由于我国农村土地集体所有以及"统分结合、双层经营"的生产经营体制是一致的,村委会组织自建立以来,一直承担着协调和服务本村生产、促进农村生产建设和经济发展,管理本村属于村民集体所有的土地和其他财产的经济职能。从一定程度上来说,村委会的经济职能是其重要程度最高也是占比最大的职能,村委会的大部分工作都是围绕着本村的经济发展而展开。而城市社区居委会却不具有发展经济的任务,其工作重心是组织居民开展自治活动,并进行社区管理和提供公共服务。"村改居"过程,同时也是"村改居"社区职能分解和转变的过程。"村改居"社区居委会将剥离其前身村委会遗留下来的经济职能,逐步转向社区管理和公共服务,这也就决定了"村改居"社区具有非常浓重的过渡性特点。这种过渡性不仅体现在社区组织功能和架构的转变、农民与土地分离后的再就业问题,也体现在居民自我认同与社会认同以及居民生活习惯等各个方面。同时,作为一种过渡形态的社区,"村改居"社区还会面临比单纯的农村社区和城市社区更多的困难和挑战。

2. 统筹城乡发展的需要

"村改居"是农村政治、经济和文化发展到一定阶段,经济结构、居民的生活需求和就业方式等发展到城镇水平或者接近城镇水平的条件下进行的,是一种基于社会整体经济发展水平不断提升、城市化进程不断深入、统筹城乡发展的需要所采取的城乡一体化建设的路径探索。这种探索由于我国各地发展起点和条件不同,呈现出不同的发展速度。在东部经济发达地区,部分农村社区已经发生了质的改变,首先在经济产业结构上,基本告别了传统的农耕经济,第二、第三产业等非农经济已成为农村集体经济的主体。这种产业结构的改变直接影响到村民就业方式和生计结构的改变。部分村民已基本实现非农化,直接从事农业生产的村民比重逐渐减少,在第二、第三产业就业的村民比重也日渐增加。在经济发展带动下,东部发达地区的农村基础设施建设也基本实现了城镇化,整体的居住环境、住房条件、生活设施都在积极向城市靠拢。而中部地区和西部地区尤其是经济落后地区的农村,不仅相较于城市的发展水平有着巨大差距,与同为农村的东部地区相比也存在一定落差,这就亟须统筹发展。

随着社区自治组织职能的改变,社区组织架构也需相应调整以满足其功能需求。各地"村改居"社区发展出现了不同的样态,完成集体资产改制的"村改居"社区开始建立或者正在建立社区工作者集中办公制度;未完成集体资产改制的社区,正在建立并逐步完善社区工作者集中办公制度,以保证社区居民在社区办公场所找到"两委"成员,及时解决遇到的问题或办理相关事务。近年来,基层政府及其街道办事处陆续开始为"村改居"社区居委会划拨办公经费、提供办公用房。整体而言,城市化进程中,"村改居"社区在形式上基本完成了由农民转变为居民,农村转变为社区,集体土地转变为国有土地,集体经济转变为股份经济的"四个转变"。[1]

"村改居"社区具有过渡性、二元性、复杂性等特点,它的过渡性与二元性是相呼应的,"村改居"社区作为一种过渡形态的社

---

[1] 李明珠:《城市化进程中"村改居"的新型社区治理研究现状》,《法制与社会》2015年第3期。

区,在受到城市文化与城市制度的冲击的同时,它还留有传统的农村社区所有的习惯和特点。这种二元性一方面表现在上文论述的社区的组织职能和组织体系,更渗透在村民的日常生活中,村民的生活方式和社会关系网络明显带有城市和农村的交叉性,虽然他们的物质条件尤其是居住条件得到了改变,但生活习惯、交往方式等非物质层面还保留着农村传统的痕迹。在更深的层面,"村改居"社区居民尽管获得了城镇"居民"身份,但大部分人的自我认同及社会认同仍是"农民"。"村改居"社区中,社会资本流失严重,表现为社会信任难以建立、互惠规范比较匮乏、邻里关系网络不够密集等特征,带来了社区认同缺失、集体合作困难、多元治理格局尚未形成等社区治理难题。如何秉持新型发展理念,重新审视"村改居"推进路径,促进其与城市社区对接并轨,已成为重大的现实问题。

近年来各地推行的"撤村并居"工程,为"村改居"研究提供了新的分析对象。"撤村并居"是一项系统性工程,涉及政府、市场、社区、居民等多方主体,不同主体代表着不同利益。在城乡一体化浪潮下,"农村社区建设""社会主义新农村建设"等政策推动了"合村并居"的铺展。从地理区域来看,不同地区地方政府的财政政策和投入比例存在较大差距。"村改居"及其社区形态演化在城乡地区呈现出诸多的共性与差异化特征,要求解读其生成逻辑与探寻治理路径,站在城乡融合发展趋势、城乡二元差异化现实与乡村振兴战略等背景下去研究。

二、"村改居"实施的意义

"村改居"是中国城市化的独特道路和城乡一元整合的试验

田。这种颇具中国特色的城镇化方式,夹杂着工业化、城镇化与市场化的因素,其本身既带有打破城乡二元分割与推动城乡融合发展的"建设属性",成为城乡社会现代化与城乡融合战略的推动力量,又是固化文化、社会关系和社区政治等诸多城乡二元差异的"破坏性力量"。因此,中国城乡"村改居"具有相似的宏观背景与驱动力量,带有共同的形成方式、社区样态与治理难题,但是也面临差异化的空间设置、问题生成逻辑与治理创新路径。尤其是乡村振兴战略的实施,既是对城乡融合的有力推动促进,也可以修正乡村地区的"村改居"城镇化实践。在我国经济发展、社会转型加速的时代背景下实施的"村改居",对推动城乡社会的统筹协调发展意义重大,不仅重构了基层社会组织体系,理顺了基层管理体制,也使城市公共服务延伸到农村地区,促进了公共服务均等化目标的实现。

公共服务均等化可以定义为"在一个国家内,处于不同地区的所有居民都能享受到大体相等的基本公共服务。"[①] 我国"村改居"工程的实施有利于实现城市公共服务向农村社区的逐步延伸,促进农村居民享有与城镇居民平等的基本公共服务和社会福利,逐步平衡城乡之间发展的差距,一定程度上保证了农村社区与城市社区平等的发展机会。此外,农民身份转为城市居民后,通过在农村地区建立基本保障制度,推动医保、社保、教育全面覆盖城乡,加快了城乡一体化建设进程。

与此同时,"村改居"社区由于地域和历史因素限制,公共资源的投入开发和公共空间的拓展存在一定差距,而社区居住人员

---

① 刘德吉:《公共服务均等化的理念、制度因素及实现路径:文献综述》,《上海经济研究》2008 年第 4 期。

异质性大、流动性强,也增加了此类社区管理的难度。因此,在推进"以人为核心"的新型城镇化理念与政策背景下,如何凭借国家、市场和社会等主体力量,破解"村"改为"居"后的诸多融合挑战已成为新时期考验国家治理能力的重要命题和学界研究的焦点。

第二节　"村改居"社区的研究进展

当前中国的城市化正在以不可逆转的方式铺展开来。"村改居"与"村改居"社区是在多元力量推动下的实践性互动,同时也是在不同城市化面向合一的背景下被提出和实践的。

国内学界对由政府主导和推动的中国独特的城市化新路径——"村改居"及其社区形态——"村改居"社区的研究,遵从"社区转型"的路径研究和"转型社区"的形态研究两种交叉重合的路线,重点围绕城中村改造、城郊接合部改制和农村的撤村并居三种空间形态和实施方式展开,主要涉及"村改居"社区的生成背景与背后动力、概念界定、转型现状以及治理路径等相关主题。

一、何为"村改居"社区:界定与认知

当前我国快速城市化过程中,形成了一类兼具城市社区与乡村社区特性的过渡型社区——"转型社区"。这是一种农业活动和非农业活动并存甚至互相融合的地域类型。中国独特的城市化轨迹和发展进程中形成的社区,给中国留下了独特的社区类型与城市景观。城市化构成"村改居"社区的形成背景和形塑力量,是

相关研究的共识。① 一方面,村庄被整村拆迁之后,以一个或数个村庄为单元,就地或异地全部安置上楼,进而形成封闭式的安置小区。成千上万个城中村正在从我国的城市版图上消失,取而代之的是一栋栋的"村转居"社区。另一方面,通过"增减挂钩"②政策形成的农村集中居住区,将农民宅基地拆除,调整腾出更多耕地,农民身份不变,村建制保留或撤销,建立社区并引入其他相关城市社区组织进行治理。③

在城市化推进过程中,城中村和城郊地区一直显得与城市的整体发展格格不入。这不仅因为它们在外在形态上显得"脏乱差",更是在内在发展要求上与城乡统筹发展的目标相背。"村改居"社区的出现是这一背景下的产物。这是在中国城乡二元结构城市化的"独特道路"。④ 近年来,"村改居"在城市化和新型城镇化以及新农村建设的名义下,被广泛推行甚至推广至广大的农村地区(村民上楼或合村并居),并成为衡量城市化的一个重要标准。学界对"村改居"社区有着较为一致的理解。一般都从制度性变迁的角度定义"村改居"社区,如顾永红、向德平等定义为"通过变农村户口为城市户口,村委会改为社区居民委员会所形成的社区"。⑤ 但是对于"村改居"社区的地域范畴与现实类型,不同学

---

① 几乎所有关于"村改居"社区的研究,都在两种复合叠加的维度上看待城市化与"村改居"社区的关系:一是嵌入背景;二是形塑力量。

② 中央政府门户网站:《国务院关于深化改革严格土地管理的决定》,旨在保护耕地的数量和质量,有意识地引导地方政府将建设用地指标获得的重点由耕地转向农村集体建设用地,2006 年 6 月 30 日。

③ 吴莹:《村委会"变形记":农村回迁房社区的基层组织建设研究》,《社会发展研究》2014 年第 3 期。

④ 杨贵华:《转型与创生:"村改居"社区组织建设》,社会科学文献出版社 2014 年版,第32 页。

⑤ 顾永红、向德平、胡振光:《"村改居"社区:治理困境、目标取向与对策》,《社会主义研究》2014 年第 3 期。

者有着不同理解：或认为"村改居"社区专指在城市化进程中被城市建设所包围的"城中村"[①]，或将"村改居"社区限定在城市特定区域[②]，或专指在城乡接合地带开展"撤村建居"建设工作的社区，也有部分研究者[③]认为"村改居"社区包含上述两种区位类型。

相关研究对"村改居"社区的过渡性也存在比较一致的认知，往往把"村改居"社区视作"过渡"社区。达成的共识是："村改居"是行政化推动的中国特色的城市化方式，实现社区管理组织、居民身份以及居住区域的全方位转型。由此形成的"村改居"社区带有城市社区和农村社区特征。

"村改居"社区与一般的过渡社区相比较，在形成原因、呈现方式、社区结构和组织制度等方面都存在很大差异。"村改居"社区与城中村有着千丝万缕的联系和属性重合，但是也存在明显的差异甚至本质区别。如果说"城中村"或棚户区等是城市化快速发展的遗留产物，那么"村改居"在某种程度上说就是对城中村问题的修正，"村改居"社区亦被看作城中村"改造"的后果。"村改居"社区作为一种过渡性社区，既被看作城市化不断提升、城市空间不断增容的产物，也被当作中国城市化进程中独特的现象和特殊城市化方式的结果。"村转居"社区的特征正是通过与城市社区和农村社区的比较体现出来的，也构成了"村改居"社区本身独特的规定性。

---

① 陈晓莉：《新型城市化发展中村改居社区治理变革》，《求实》2013 年第 10 期；张文茂：《郊区城市化过程中农村经济组织调整的若干问题探讨》，《城市问题》1997 年第 3 期。

② 蓝宇蕴：《都市里的村庄：一个"新村社共同体"的实地研究》，生活·读书·新知三联书店 2005 年版，第 11—18 页。

③ 顾永红等：《"村改居"社区：治理困境、目标取向与对策》，《社会主义研究》2014 年第 3 期。

二、"村改居"社区焦点问题探析

"村改居"工程是一个繁杂而漫长的过程。"村改居"问题前期阶段的研究，对农民权益保障和集体资产改制问题关注较多，而后期研究主要从"社会保障、居民参与、社区文化、社区公共服务供给、基层党建和改造开发"[①]等方面，对其进行了全方位和多层面的思考和剖析。相关研究揭示了"村改居"社区的城镇化转型及其治理，是一项复杂的系统工程。众多学者[②]从"村改居"后的变革、集体资产改制和组织与管理等方面，分析了当前"村改居"社区中出现的治理难题。当然，城中村问题并不是寻求物质环境的改善就可以全然解决，同时还需关注物质空间到社会空间如何转化的问题[③]。还有学者[④]从"集体经济发展状况、社区治理体制转换情况、社区自治能力"等方面，分析了"村改居"社区存在的问题和对策。

1. 关于"村改居"社区组织转型、管理体制和制度适应等问题的研究

相关学者对"村改居"的居委会组织、基层党组织和社区社团等社区组织转型问题进行分析。村委会向居委会转型是一个绕不开的议题，多年来，村委会的乡村底色与居委会的城市色调如何调

---

① 赵秀玲：《城中村治理的困局及其跨越》，《山东师范大学学报（人文社会科学版）》2011年第5期。

② 李培林：《村落的终结：羊城村的故事》，中国社会科学出版社2014年版；轩明飞：《村（居）改制：城市化背景下的制度研究》，社会科学文献出版社2008年版。

③ 魏立华、阎小培：《中国经济发达地区城市非正式移民聚居区——城中村的形成与演进》，《管理世界》2005年第8期。

④ 顾永红等：《"村改居"社区：治理困境、目标取向与对策》，《社会主义研究》2014年第3期。

和成为关注点。例如,梁慧等①针对"村改居"社区居委会管理中的问题,如居委会职能定位不明确、管理人员素质不高、管理经费来源模糊和法律法规不完善等现状进行分析,进而提出如何完善"村改居"社区居委会管理体制,推动"村改居"社区居委会职能转变,加强工作人员培训和健全社区委员会管理法规等相关建议。曹姮钥、康之国②针对"村改居"社区党组织、自治组织和居委会组织等社区组织难以适应转型问题,提出了提升社区组织体系与组织能力建设的建议。田鹏、陈绍军③基于"国家—农民"关系视角对"村改居"后的村委会功能嬗变及其延续,提出借助"地方性知识,合理利用村庄本土治理资源和内生治理规则,实现农民集中居住区社会治理模式的现代转型"。而吴莹④则认为,"撤村并居"后形成的回迁社区实际上是同一名称下的繁杂存在,即便在一些性质相似的回迁社区,其组织架构、运作机制和秩序安排也都是具体的行动主体基于各自的利益诉求和行为动机下动态形塑而成。基于此,她总结了回迁房社区村委会向居委会转型的四种模式及其面临的问题。在基层党组织功能的转型问题上,罗新阳⑤认为基层政党生态环境随"村改居"而发生变迁,正面临新问题,急需转变基层党组织的领导角色、利益协调机制、社会功能扮演以及与居

---

①　梁慧、王琳:《"村改居"社区居委会管理中的问题及对策分析》,《理论月刊》2008 年第 11 期。

②　曹姮钥、康之国:《后"村改居"时期的社区组织治理能力研究》,《天津行政学院学报》2015 年第 3 期。

③　田鹏、陈绍军:《论"村改居"后村委会的功能嬗变》,《湖北社会科学》2015 年第 7 期。

④　吴莹:《村委会"变形记":农村回迁房社区的基层组织建设研究》,《社会发展研究》2014 年第 3 期。

⑤　罗新阳:《生态变迁与基层党组织功能转——基于对城市化进程中"村改居"社区的分析》,《领导科学》2012 年第 32 期。

民打交道的能力和方式。杨贵华[①]指出"村改居"社区的社团组织面临组织发展不平衡的状况,如居民社团组织多为自娱自乐的兴趣健身类组织,公益服务类和权益维护类居民社团组织较少。这就需要通过制度建设与培育公民精神等措施,进一步为社区居民社团的发展创造条件,并提供相应的保障。

当然,除基层社区组织转型及其相关问题之外,学者对"村改居"社区居民、政府及行政官员等在管理中的作用也是尤为关注。例如,面对"村改居"居民面临的诸多制约因素和难题,梁绮惠[②]提出构建以可行能力建设为导向的"村改居"政策体系,指出可通过加大对"村改居"居民的人力资本的投资与积累,激励"村改居"居民政治参与,进而扩大社区居民发展其自主发展能力;同时可通过完善行政官员政绩考核标准体系和制度创新,确立"村改居"居民产权主体地位,进而使"村改居"居民成为城市化进程的受益主体等。

在关注基层社区组织与相关管理主体的同时,很多研究格外分析了"村改居"社区中的自治、服务等制度政策。例如高灵芝、胡旭昌对"村改居"社区的"村民自治延续性的现状及对策"[③]进行分析。梁绮惠[④]认为,转型社区的特征决定了这些新成立社区所面临城市社区所没有的难题,并指出要解决这些难题,必须切实保障农民利益,协调好各方的利益关系,同时必须为"村改居"建

---

① 杨贵华:《城市化进程中"村改居"社区居民社团组织培育发展研究》,《中共福建省委党校学报》2013年第6期。

② 梁绮惠:《可行能力视角下的"村改居"研究》,《云南行政学院学报》2011年第6期。

③ 高灵芝、胡旭昌:《城市边缘地带"村改居"后的"村民自治"研究——基于济南市的调查》,《重庆社会科学》2005年第9期。

④ 梁绮惠:《佛山市"村改居"社区政策的问题与反思——以顺德区伦教街道为例》,《山西财经大学学报》2009年第S2期。

立起法律和制度保障。马光川、林聚任[1]认为，"村改居"显著的过渡性、二元性和不彻底性等特征，一方面表明了它尚未实现城乡二元制度的突破；另一方面也表明了中国城市化和市民化质量不高，进而主张消除城乡二元制度，寻求"村改居"的制度整合之路。

"村改居"社区的公共服务供给也是当前学界比较关注的研究热点和难点，有关研究更多的是围绕"村改居"社区公共服务供给的特点、问题及应对策略等方面展开。首先，相关研究认为作为过渡性社区，"村改居"社区的公共服务供给也具有特殊性。庞玉珍、王俊霞[2]通过调查发现，很多"村改居"社区仍然延续原有的村民自治，在城市社区内，原村民和外来人口在入学、医疗、就业和物业管理费等方面的管理实行"一村两制"。其次，研究还发现在"村改居"社区的公共服务供给方面也暴露了不少矛盾与问题。不少研究者[3]调研后指出，"村改居"社区还存在公共服务供给投入不足、主体错位和缺位、政府投入缺乏强制性和规范性，导致城乡发展不均、地区进步不均和不同群体悬殊等问题。最后，在优化选择"村改居"公共服务供给模式方面，陈孟平[4]提出应建立"公导民办"的供给机制，鼓励县以上政府公共财政，通过转移支付为城

①　马光川、林聚任：《分割与整合：村改居的制度困境及未来》，《山东社会科学》2015 年第9 期。

②　庞玉珍、王俊霞：《"村改居"社区与城市社区的差异及原因分析——基于对青岛市社区的实地调查》，《理论界》2011 年第8 期。

③　梁绮惠：《社区治理视角下村改居基本公共服务的现状及影响——基于珠三角的调研》，《云南行政学院学报》2013 年第3 期；孙小峰：《包容性发展视域下城中村治理机制与模式研究》，浙江大学 2021 年博士学位论文。

④　陈孟平：《"城中村"公共物品供求研究——以北京市城乡接合部为例》，《城市问题》2003 年第6 期。

乡接合部的公共物品供给付费，并对农民集体投资兴建的公用基础设施进行补偿。唐平①提出"村改居"社区公共服务供给应转向政府、社会和企业共同承担的多中心供给模式。黄伟②认为应采纳平等协商的方式来限定政府与集体、个人的权责关系。王玲③也提出政府与村集体共同治理村庄公共事务的发展思路和治理策略。王春生④以珠江三角的某"村改居"为个案，分析了该社区公共物品供给的成效、体制缺陷，提出构建社区与城市、城镇一体化的公共物品供给体制。黄春蕾⑤提出"村改居"社区公共服务主体和供给方式的转型及其问题，并提议政府责任归位、加快集体资产股份制改制及创新公共服务供给机制等建议。

2. 关于"村改居"社区社会问题研究

"村改居"作为转型社区类型，不仅面临制度、组织转型问题，也存在文化、社会结构转变、角色转型等问题。很多学者从"转型""资本""问题""关系"等入手，对"村改居"社区的社会结构进行了分析，并提出了相应的对策。

"农民市民化"是"村改居"社区较为被关注的问题。熊惠平⑥以"村改居"为背景分析了其背后的"四化"（农民市民化、非

---

① 唐平：《"村改居"转制型社区公共服务供给问题研究：以广州市岗村转制社区为例》，中山大学 2010 年博士学位论文。

② 黄伟：《城中村治理要过好三道坎》，《南方日报》2014 年 5 月 26 日。

③ 王玲：《"城中村"改造中的问题及应对策略》，《光明日报》2014 年 2 月 20 日。

④ 王春生：《珠江三角洲"村改居"进程中的公共产品供给体制透析》，《云南行政学院学报》2009 年第 1 期。

⑤ 黄春蕾：《我国新型城镇化背景下"村改居"社区公共服务供给转型研究》，《天津行政学院学报》2015 年第 4 期。

⑥ 熊惠平：《新市民的社会关系的重构：以村改居为途径或方式》，《生产力研究》2011 年第 10 期。

农化、城市化、工业化）及其重构社会关系的路径，进而提出以此为切入点"审视中国社会在这场变迁中的各种变化以及由村民变成居民带来的社会转型效应"。"村改居"社区的"农民市民化的角色再造"①，不仅面临政策技术层面的市民化，还面临社会文化的"市民化困境"②，而城乡一体化"为农民市民化拓展、建构了可能空间"③。而毛丹认为，城郊农民市民化是一个面临"赋权、互动和认同"④的过程和阶段。

李志刚、于涛方等对改制后的城中村这类"转型社区"进行研究，分析此类社区由"内生"向"外生"转型，并从"机械团结"到"有机团结""行政化"与"自治化""社会成本"与"社会福利"⑤三个维度探讨社区转型的目标、途径及其社会效能，认为合理的社区转型应尽量避免打破原有社会空间，采取渐进、多元的改造方式，逐步加以推进。而吕青⑥从失序的维度，对"村改居"社区失序的表现进行分析，提出从"政社互动"的视角来重建社区秩序。吴晓燕等从社会资本的视角指出，"村改居"社区社会资本流失严重带来社区认同缺失、集体合作困难、多元治理格局难以构建等治理难题，提议从培育社区信任、完善社区互惠规范和构建紧密

---

① 文军：《农民的"终结"与新市民群体的角色"再造"——以上海郊区农民市民化为例》，《社会科学研究》2009 年第 2 期。

② 文军、黄锐：《超越结构与行动：论农民市民化的困境及其出路——以上海郊区的调查为例》，《吉林大学社会科学学报》2011 年第 2 期。

③ 吴业苗：《居村农民市民化：何以可能？——基于城乡一体化进路的理论与实证分析》，《社会科学》2010 年第 7 期。

④ 毛丹：《赋权、互动与认同：角色视角中的城郊农民市民化问题》，《社会学研究》2009 年第 4 期。

⑤ 李志刚、于涛方：《快速城市化下"转型社区"的社区转型研究》，《城市发展研究》2007 年第 5 期。

⑥ 吕青：《"村改居"社区秩序：断裂、失序与重建》，《甘肃社会科学》2015 年第 3 期。

邻里关系[①]等方面,来重构社区社会资本。张扬金[②]基于"村改居"结构变化、管理滞后和监督不力等影响,分析了"村改居"社区腐败问题,并从社会资本视角提出了建议。杨静[③]针对"村改居"社区居委会的转型特点,提议用行动研究来推动社区关系重建和生活意义重塑。邵任薇[④]利用"镶嵌式自主"的概念对城中村改造中的行动主体之间以及"生活—制度"之间的互动关系进行了分析,认为政府、村集体和村民们彼此的自主性都是互相镶嵌的,在镶嵌的基础上实现自主性,呈现了自主性和镶嵌性并存的特征。

"村改居"社区的社会秩序不仅面临失序的风险和重构的任务,社会结构也正从村庄到社区的现代化转型,且其文化层面也发生着关联密切的文化转型。"村改居"社区的文化属于典型的礼俗型基层文化或者微观文化,其转型迷茫的原因在于"被动城市化过程所造成的新社区的文化惰性"[⑤]。如何通过新居民为主体来重构社区文化价值和意义,进而形成新社区身份认知和社会认同已成为"村改居"社区有效治理的现实挑战[⑥]。蒋福明等基于"村改居"社区的过渡性和"非城非乡、亦城亦乡"的特点,从文化

---

① 吴晓燕、关庆华:《"村改居"社区治理中社会资本的流失与重构》,《求实》2015 年第 8 期;尹雷:《式微与重构:后城中村时代"村改居"社区治理困境的社会学阐释——以日照市 3 社区为例》,《齐鲁学刊》2021 年第 2 期。

② 张扬金:《社会资本视角下村改居社区反腐治理创新研究》,《广州大学学报(社会科学版)》2012 年第 11 期。

③ 杨静:《社区关系重建和生活意义重塑——行动研究在村改居社区工作中的运用》,《华东理工大学学报(社会科学版)》2014 年第 1 期。

④ 邵任薇:《镶嵌式自主:城中村改造中的自主与镶嵌》,《暨南学报》2014 年第 11 期。

⑤ 蒋福明:《"村改居"社区文化及其困境探讨》,《北京行政学院学报》2013 年第 3 期;蒋福明:《论"村改居"社区文化转型》,《求索》2012 年第 3 期;蒋福明、周晓阳:《论"村改居"社区文化特点及其转型的价值目标》,《云南民族大学学报(哲学社会科学版)》2014 年第 1 期。

⑥ 吴晓燕:《从文化建设到社区认同:村改居社区的治理》,《华中师范大学学报》2011 年第 5 期。

视角对"村改居"社区的日常呈现进行探讨,并从物质文化、制度文化、行为文化和精神文化等方面,对社区文化转型的必要性与原则进行分析,进而提出"村改居"社区文化与城市社区文化不同,具有过渡性、多样性和冲突性等特点,应该从和为贵、和而不同、和睦相处、和谐友爱、中庸之道等方面进行重构。另外,学者们除了对"村改居"的社会事实和普遍性社会问题关注之外,对其"反城市化"问题也进行了充分考察与分析。例如,李翠玲①从土地、计划生育和社会福利等方面分析了"村改居"过程中,认为"村改居"居民反对的不是城市化本身,而是利益受损或分配公正问题。

3. 关于"村改居"社区集体经济问题研究

集体经济组织不但面临如何处理与社区党组织、居委会之间的权责关系问题②,也需要处理农民增收③以及土地等资产权益被侵犯、税负沉重和运作不规范等诸多新问题。不少学者④分析指出,集体经济的公司制改革可以明晰产权、保护农民合法权益,但同时需要建立基于产权的有效激励机制和约束机制来调动广大村民参与集体经济发展与监督的积极性,进一步发展壮大集体经济,进而使集体资产不断保值、升值。也有学者⑤认为,"村改居"社区股份合作社制的实施,具有平衡各方面利益和克服集体产权外部

---

① 李翠玲:《珠三角"村改居"与反城市化现象探析》,《广西民族大学学报(哲学社会科学版)》2011 年第 3 期。
② 陈国良:《市场经济条件下农村集体经济的实现形式》,《福建论坛》2000 年第 6 期。
③ 黄祖辉:《居民收入倍增的难点与实现路径》,《改革》2012 年第 1 期。
④ 钱鼎炜、郑庆昌:《城中村集体经济改革路在何方》,《开放潮》2003 年第 8 期;张雪峰:《城镇化背景下"村改居"社区集体经济组织面临的问题及创新模式》,《青海社会科学》2019 年第 2 期。
⑤ 潘光辉、罗必良:《社区型股份合作制中的委托代理问题》,《中国农村经济》1998 年第 3 期。

性的优势。操世元①指出，"村改居"社区集体经济的发展壮大对撤村建居、农民市民化有积极作用，但同时务必加强对原集体经济的监督。

除了对"村改居"社区集体经济的微观问题研究之外，集体经济的宏观问题研究也值得重视。"村改居"社区的集体经济改制内容和公司制得到重点分析。例如，杨善民等指出统分结合的股份制改革是集体经济转型的方向②，集体经济转型中的政经分离是农村社会现代化的必由之路。张克俊、付宗平③从"推动集体经济组织产权制度改革、推动集体经济股份合作制改革、理顺集体经济组织与社区自治组织关系、对集体资产进行差别化处置、动态完善并实施农民的养老保障制度和加强对集体资产的管理和监督"六个方面为"村改居"社区经济发展开出了药方。杨贵华④在分析社区股份合作制何以成为多数"村改居"社区集体资产改制的选择模式的基础上，就"村改居"社区集体经济组织实施股份制改造的意义、主要问题的对策措施等，提出自己的思考和观点。高灵芝等⑤以山东省某社区为个案，提出"'村改居'社区如何通过对原村集体资产的股份制改造，解决了原村集体资产虚置和原居民利益难以保障的难题"。

---

① 操世元：《城郊农民市民化过程中集体经济问题研究——以杭州Y村为例》，《浙江社会科学》2008年第2期。

② 杨善民、张璐等：《新型城镇化背景下集体经济改制问题研究——以青岛市黄岛区丁家河社区为例》，《东岳论丛》2013年第11期。

③ 张克俊、付宗平：《"村改居"社区集体经济面临的困境及出路》，《农村经济》2015年第9期。

④ 杨贵华：《集体资产改制背景下"村改居"社区股份合作组织研究》，《社会科学》2014年第8期。

⑤ 高灵芝、胡旭昌：《"村改居"后集体资产处置的个案剖析——以济南市槐荫区前屯居为例》，《长白学刊》2004年第4期。

第三节　研究设计

一、调查点选取与资料搜集

1. 调查点选取

本书基于城市化和乡村振兴两大背景去探讨"村改居"社区的生成逻辑与治理创新路径,不仅选取了东部地区浙江省、山东省的样本,也选取了湖北省的协作型"村改居"社区为样本,主要是基于以下两点考虑:一是调查点具有代表性和典型性,无论是浙江省的 Y 社区、S 社区,还是山东省的 X 社区、湖北省的 Q 社区,在城市化、国家扶贫政策以及乡村振兴背景推动下,在极短的时间内转型为城市社区,其转型过程、其对乡村传统的怀念,对城市文明的向往、期盼、困惑等,显而言之具有一定的普遍性和典型性;二是调查点仍存在很多"活着"的传统,乡村习俗并未随着人们物质生活的城市化而随风而逝。这里,节庆、信仰和文娱等领域呈现出根深蒂固、传承有序的特点,给"人的城市化"中文化传承和精神层面的转型重建提供一定的借鉴。

2. 资料来源

基于长期的社区参与、社区调研和现实生活积累,以及与发改局、民政局、农业农村局等职能部门和多所大学社区研究中心搭建的多层面田野调研,笔者收集整理了较为丰富和饱满的一手资料。这些资料主要包括两个方面的内容:

一是访谈录音。本书的访谈主要界定在浙江省、山东省、湖北省几个典型的"村改居"样本社区范围之内，采用目的性抽样，重点对代表性的居住区进行深入研究，针对社区居民，则采用偶遇抽样与半结构、无结构访谈的研究方法。对象主要包括社区工作人员（书记、主任、社工）、股份经济合作社工作人员（董事长、副董事长、监事长、股民）、村委会原会计、热心居民、租客、商贩、镇街相关负责人、扶贫办相关负责人、民政局相关负责人、发改局（易地搬迁办）相关负责人以及东西合作项目中的扶贫干部共计100多人次，访谈录音近一百五十份。

二是书面资料。纸质书面资料包括"村改居"相关记录（职能分工、村里基本情况、撤村建居部分内容记录、易地搬迁"村改居"记录、东西部协作易地搬迁情况记录等）、股份经济合作社的工作材料（股份经济合作社的职能分工、工作章程、骨干名单、汇报材料，集体经济发展情况，股民集体活动记录等）、社区工作人员、易地搬迁办以及东西合作项目中的扶贫干部的工作笔记等；电子书面资料包括相关的新闻报道、扶贫办、民政局、农业农村局、社区委员会的相关网站资料以及镇街工作人员发过来的汇总资料等。

二、研究方法与研究策略

1. 研究方法

本书通过不同形式的"村改居"生成实践和"村改居"的社区景观，考察城乡因素的传承、适应、嵌入与融合，进而展示城市化和乡村振兴背景下的"村改居"与"村改居"社区的城乡关系两个侧面的不同特征、影响要素。根据这一基本问题，笔者选取了"社区民族志"（community ethnography）的研究方法。之所以选择这种方法，主要有两个方面的基本考虑：一方面，民族志的"深描"①（thick description）能够有效地呈现和展示"村改居"社区居民参与的形态与逻辑，且民族志能够将"田野、方法和理论三位一体"②紧密结合起来，这与笔者的研究构想和研究目标正好相契合。另一方面，诚如有论者精辟指出，对于处于剧变中的中国社会，通过参与观察和深度访谈，更能揭示出转型社区变迁过程以及人们的行动和动机。这种方法也更能敏锐地捕捉行动者在结构不稳定的时刻及空间里，如何应变、计算、考虑及发生冲突，民族志研究是最接近转型时刻（transition moment）和转型空间（transition space）里的主体与行动③的一种研究方法。

具体而言，笔者参与观察的场所和空间主要包括不同"村改居"社区的社会交往和活动空间。通过设置情境，直接观察或采用音视频等技术自动记录这些"村改居"社区的日常活动过程。对观察场所和人物活动则持理性和反思的态度，善于在亲熟和距离、局内人和局外人之间保持某种有意识的平衡。那些令人不安的田野经验、尴尬的社会空间，正是参与观察方法所具有潜在创造力的场所。最后采用话语分析（discourse analysis）和叙事分析相结合的方法对相关材料编码分析。

深度访谈的对象主要包括县区农业农村局分管领导、县发改局（易地搬迁办）主任、民政局副局长、镇街分管副主任、股份经济合作社董事长、社区书记和主任以及相关办事员、热心居民和外来

① ［美］克利福德·格尔茨：《文化的解释》，韩莉译，译林出版社 2008 年版，第 6 页。
② 张小军：《三足鼎立：民族志的田野、理论和方法》，《民间文化论坛》2007 年第 1 期。
③ 李静君：《劳工与性别：西方学界对中国的分析》，清华大学社会学系网站，http://www.tsinghua.edu.cn/publish/soc/index.html，1999 年 8 月 15 日。

租客等。通过深度访谈进一步了解"村改居"社区不同组织的来龙去脉，着力挖掘不同类型"村改居"社区居民日常生产生活记忆。

2. 研究策略

本书坚持"社会结构总体性分析"和"逻辑转化的机制分析"相结合。既注重"过程—事件分析法"中对城市化、"村改居"实践、社区集体活动、居民日常行动等的过程、机制、策略和逻辑的解析和揭示，又强调"结构—制度分析法"中对"村改居"的转型与"村改居"社区样态所嵌入的宏观结构背景和制度安排有所体察和把握。对于转型中国而言，虽然社会结构在发生剧变，结构比以往的"决定"能力更为式微，但这并不意味着结构对于解析和把握中国社会转型的逻辑就不再重要。尤其对"村改居"社区而言，不仅其形成过程与转变机制深受社会制度、国家规则与结构的制约和塑造，而且"村改居"社区也深嵌于政治、社会、生态与文化的环境、结构及其转型之中。而置身于既定情景和既定约束中的社区居民、国家基层代理人、市场主体、社区组织等行动主体，具有独立行动能力、主体性和自由意志、利益诉求，其在交换行动和社区互动中必然会采取有利于达成自我目标的策略或技术。

三、章节安排

导论部分，是从"村改居"内涵与"村改居"社区生成来凸显城市化和乡村振兴背景下"村改居"社区的独特之处，揭示城乡关系与"村改居"社区之间的实践关联，提出"村改居"社区的"城""乡"二重性及城乡关系是如何在"村改居"社区内被实践和被呈现的议题。乡村振兴战略是我国新一轮城市化的必然要求。基于扎实的田野调查与已有文献,借助实践社会学的分析视角与社区民族志方法,力图从一种总体性视角呈现"村改居"社区场域内的"村""居"实践形态与"村改居"社区的焦点脉络。

第一章以浙江省城郊接合部 Y 社区为田野调查点,研究城郊接合部"村改居"的缘起概况、对接现状和治理创新路径。研究发现,城郊接合部"村改居"社区既存在诸如治理主体权责不清、"三资"管理不严和传统文化传承断裂等承村而来的挑战,也存在"新居民"思想迷茫、股份经济合作社发展受困等因居而聚的治理难题,还有"村改居"社区的自然、社会、行政和文化等边界的固守与融合引发的并轨、衔接和整合。指出需要完善基础设施建设,实施社区网格化分区责任制,健全考核和评价机制,推进"村改居"社区社会治理、政务服务和群众生活数字化,全面提升基层党组织引领能力和统战能力,不断走向"城""郊"双向融合的"边界"跨越之路。

第二章以浙江省城中村 S 社区为田野调研点,分析城中村"村改居"的缘起、融合挑战和治理创新路径。研究发现 S 社区样态多元而复杂,既有由村"改"居过程中和治理实践中带来的问题,又有承"村"而来的遗留问题、因"居"而成的现实问题,共同构成了 S 社区互相渗透、彼此影响的社区融合挑战。这些都深受过去村落传统和当下城市文明两者力量的塑造,呈现非城非乡和亦城亦乡的社区面貌。S 社区作为兼具"城中村"和"村改居"样态的转型社区,深受"宏观—外部"的国家法规政策和发展战略与"微观—内部"的社区环境和生活实践影响。借助"村改居"机制而达成的城乡一体化,并不必然要走城市吸纳乡村、社区消灭村落的单一化路径,而应该走城市与乡村互补、社区与村落兼容的"双向的城乡一体化",实现"城乡社区化"进程与"社区城乡化"结果相统一。

第三章以山东省易地扶贫搬迁 X 社区为田野调查点,分析易地扶贫搬迁"村改居"的缘起、适应和治理创新路径。研究发现,易地扶贫搬迁是一项涉及政治、经济、文化和心理等复杂的系统工程。搬迁过程中,对"搬哪些人""迁哪儿去"等方面的政策还不够完善;安置过程中,如何实现"稳得住""能致富""活资源"等方面的政策落实还不到位;同时,易地扶贫搬迁"村改居"中老年人、留守妇女等特殊群体也需要予以特别关注。进而提出可通过政策倡导与制度建设、人才开发与资金引进、产业融合与结构调整、激活农民主体参与、完善乡村治理结构,逐步迈向"精准扶贫"和"乡村振兴"有效衔接之路。

第四章以湖北省协作型 Q 社区为田野调查点,分析东西部协作"村改居"社区的缘起、联结和治理路径。研究发现东西部协作型"村改居"社区的组织架构、制度保障和运行机制等方面取得了一定成效,但在"村委会"到"居委会"转换过程中,还存在基层组织体系转换、集体资产处置和物业管理兜底等挑战;在从"农民"到"居民"转化过程中,还存在居民日常生活方式变化、安土重迁的文化情结和红白喜事的习俗转变等社区文化适应过程;在"谋生"过程中,还存在生活保障、再就业和社会闲散人员导向等居民生计问题。进而提出可通过多渠道促进就业,大力发展经济;注重政策落实;加强文化建设,促进居民快速融入;健全社会保障体系;聚焦居民的内生动力,实现居民从"要我富"到"我要富"的转变,谱写东西部扶贫协作新篇章等治理创新路径。

　　第五章是"村改居"社区转型的深层透视与"村改居"社区的延伸拓展研究。总结城市化和乡村振兴背景下我国多种类型"村改居"社区的生成逻辑与治理创新,指出"村改居"到"村改居"社区不是一个简单地从"撤村、并村"的过程,而是关系到农村土地性质变更、集体资产处置、居住空间布局变化、组织职能转变、治理模式变迁、基础设施与公共服务匹配以及村民身份转换等多方面的过程。"村改居"社区所呈现的各种挑战,使"村改居"社区处在村落乡土社会结构和治理机制与现代城市社会样态和治理逻辑之间的夹缝之中。反思"村改居"视野下的城镇化、乡村振兴与现代化,我们要改变以往城乡二元经济结构"变型"和二元社会结构"固化"状态,既要重视发展适宜乡村特性、重视农民为主体的"乡村现代化",也要重视"城市现代化"。

第一章　城郊接合部"村改居"
社区的传承与超越

——以浙江省 Y 社区为例

城郊接合部的"村改居"建设在当今新型城镇化发展中具有十分重要的意义。党的十九届五中全会通过的文件明确提出"优化国土空间布局,推进区域协调发展和新型城镇化",即要构建国土空间开发保护新格局,推动区域协调发展,推进以人为核心的新型城镇化。[①] 作为乡村城市化的前沿地带,城郊接合部是城市化进程中社会问题最为敏感集中的区域,它涉及城市管理体制和农村管理体制两种体制之间的转换衔接与利益调整。[②] 浙江省 Y 社区作为城郊接合部"村改居"社区,呈现了城郊接合部的变迁故事以及日常生活场景,推动了城乡融合发展、协同互促,贯彻了居民共同富裕、共享建设成果的发展理念,谱写了以人为核心的新型城镇化背景下撤村建居的新篇章。

---

① 高帆:《新型城镇化的三重内涵及其实现机制》,《社会治理》2020 年第 11 期。

② 熊易寒、曹一然:《空间再分配:城乡接合部治理的政治学意义》,《广西师范大学学报(哲学社会科学版)》2021 年第 1 期。

第一节　城郊接合部"村改居"的缘起

在浙江省 G 区城郊接合部,坐落着一座古村落"Y 村",解放初属 G 县①柳镇八村,1956 年与西米坞合称 Y 村农业社,1984 年改为 Y 村,共有 11 个村民小组。这里山势高峻,生态环境优美,奇峰异石古寺众多,人文底蕴丰厚。伴随经济发展和城市化不断推进,Y 村于 2004 年 12 月从农村社区转型为城市社区。作为城郊接合部的"村改居"社区,Y 社区的治理实践呈现了许多城郊接合部乡村在城市化进程中所经历的变迁故事以及生活的日常场景,是观察城郊接合部"村改居"社区实践特征的重要窗口。

一、社会生活:Y 村乡土风貌

1. 茶叶种植

Y 村地理位置独特,依山傍水,生态环境优美,茶叶生产历史十分悠久。康熙年间,文学家陆次云说:"其地产茶,做豆花香。与香林、保运、Y 村、垂云亭者绝异,采于谷雨前者尤佳"。可见,Y 村的茶叶在清代就小有名气了。至 20 世纪 80 年代前这里仍以生产茶叶为主,茶叶收入约占全社总收入的一半以上。1955 年 Y 村农业社茶叶获得大面积丰产,全社共有茶园 38 亩 4 分,社员们对茶叶生产很重视,茶园的施肥、培育和管理都做得比较好,单位面

---

① G 县几经演化,2000 年撤市为区。

积产值也较高,共生产了绿茶 7461 斤,平均每亩产干茶 193 斤 13 两,比全镇每亩平均 140 斤高 38%,比全省每亩平均 52 斤高 273%。1957 年,Y 村农业社副社长李先生还代表合作社出席首届全国农业劳动模范代表会议,并受到毛泽东、周恩来、陈云、邓小平、彭德怀和邓子恢等中央领导的接见。但是,采茶摘茶是件很苦的劳动,在 Y 村茶农流传着这样的民谣:

前世不修,嫁在 Y 村,日里撑山头,夜里夹墩头,阿公睏眠床,阿婆眼泪流,等我女儿养大,让伊嫁到农林埠。

党的十一届三中全会以后,Y 村茶叶生产快速发展。Y 村大队办起茶叶试验场,大约 60 多亩地,开始扦插繁育龙茶 43 号,进行耕作技术和栽培管理方面的一系列改革和技术革新。1980 年 Y 村大队茶叶产量超过 2000 担。为调动茶农的生产积极性,1983 年推行家庭联产承包责任制。2003 年起 Y 村土地被征用,茶叶种植面积逐渐减少。目前茶园 549.75 亩,每年茶叶总产 6.5 吨左右。

2. 传统遗址

Y 村历史悠久,不仅具有得天独厚的生态环境,风光幽丽、景色雅致,还拥有众多的人文典故。其中之一便是香坞。香坞古称花谷坞,由北往南而进,坞纵深约二千米许,两侧高山,林木森林直至坞底。沿途茂林修竹,曲径通幽,径旁小溪,清澈见底,淙淙流水终年不断。旧时曾有"西塘九里十三亭、一里一眼井"之称,位于香坞的古花谷亭即其中之一。据居住在香坞罗庄的老僧罗禅师说,古花谷亭原有一只石臼,内有一颗"夜明珠",实为亭内常年不灭的火种。亭旁有个叫阿庆的人,常年烧水施茶不息,至今仍传为佳话。另一个著名遗址则是芦花庵。芦花庵是清末四大藏书家之一"八千卷楼主"丁一、丁三两兄弟的家祠，也是清代和民国时期G县著名的刻书机构。据李学国《〈芦花庵图〉记》称，古人"欲养而亲不待者，尝以芦花为喻"，因取名芦花庵。丁一、丁三两兄弟为G县名绅，他们曾经在Y村芦花庵内抢救国宝《四库全书》，并出资进行增补。丁氏兄弟不仅是藏书家，还是征集、整理和编著乡邦文献方面的功臣。他们编著的《民间藏书录》记载自近代至清代G县藏书家史略，以及自宋代至清代G县官府、学校、书院藏书、刻书概略。他们编著的《民间坊巷志》记载了自南宋至清代都市的坊巷、宫室、寺观、名人宅地以及有关文献，是中国都市志中的巨幖鸿篇。此外，丁氏兄弟还与他人合资兴办实业，筹建公纱厂、缫丝厂等，为G县近代的民族工业作出了杰出贡献。20世纪50年代时，芦花庵这片房子被分给当地村民。

3. 民俗活动

民俗一般都是当地百姓兴起和延续的。而五岳香寺却不同，这一民俗的发生地在G县，主角却为外来的香客。"文化这东西，看似高深奥妙，其实多半是从'土'里长出来的，其本质是一种族群的生存哲学"①。传说宋代有个蚕娘起兴，来到五岳寺烧香，结果那年她的蚕竟特别好。由此一村传一村，口口相传，来的人越来越多。其间，苏南浙北各地农村，成群结队来此进香，形成G县繁荣的"春汛"。蚕农们以G县为天堂佛地，为祈蚕桑丰收，都来"五岳进香"，即使贫苦农家也要借贷典当。当时苏南浙北各地都有

---

① 李培林：《村落的终结：羊城村的故事》，中国社会科学出版社2014年版，第15页。

"香会"组织,通常由长者领头带路,结伙朝山进香。进香队伍数十成群,着靛蓝土布衣裳,包各色花头巾,背黄色香袋,带上蜡烛、纸钱和干粮等,一天之内,来回百余里,名曰"翻五岳""烧跑香"。有些香会还会发个小本子,让信徒每到一处便在寺庙敲个章,然后带回去烧给佛祖。香市期间,杭嘉湖一带村民,结伙成队,乘坐香船来,多时居然高达千百艘。明朝张岱在《西塘香市》一文中,详细描写了这些香客的到来,"如逃如逐,如奔如追,撩扑不开,牵换不住。数百十万男男女女,老老少少,日簇寺之前后左右者,凡四阅月方罢。恐大江以东,断无此二地矣。"①

二、经济基础:Y村股份合作经济

1. 土地征收,发展股份合作经济

如同千万个中国村庄一样,城郊接合部的Y村向我们呈现的是数千年的农耕生活逐步消失的过程。随着包产到户的逐步推进,村民对村集体的向心力不断削弱。2003年年底,除原有山林茶地基本保留外,Y村绝大多数田地已被征用。2003年12月,Y村成立股份经济合作社。为规范股份经济合作社的组织建设与运行机制,根据《中华人民共和国宪法》《中华人民共和国民法通则》《浙江省村经济合作组织条例》和G区委、区政府的有关政策规定,Y村颁发股份经济合作社章程。该章程不仅对股份经济合作社的职能、股东资格给予规定,而且对股份量化、股权设置进行明确②。例如,明确界定股东资格为:

---

① 张岱:《西塘香市》,浙江文艺出版社1984年版,第132页。
② 参阅Y村股份经济合作社章程,2017年修改版。

（1）截至 2003 年 12 月 31 日二十四时，户籍为本社农业户口人员（婚迁户口可延迟至 2004 年 1 月 31 日）原则上作为基本股东，分别享受人口股和农龄股（农嫁农、农嫁居及其子女不在内）。

（2）曾经是本社社员的农转非、招工、参军、转干、农嫁农、农嫁居人员，农嫁农、农嫁居人员其子女户口尚在本村的，分别享受一定的人口股作为一般股东。

2. 股权分配

按照章程规定"本社设'资产量化股'。资产量化股份人口股和农龄股，资产量化股不得提现"。同时，对配股范围进行了明晰："本社基本股东均可享受人口股 1 股，农龄股自 1962 年至 2003 年、16 周岁至 60 周岁计算为每年 0.02 股。农转非以户口迁出日为准；婚迁迁进以户口登记日为准，迁出以结婚登记日为准。"具体的规定如下：

（1）自然年龄在 20 周岁以下，资产量化股照顾农龄股 0.1 股，人口配股 1 股，即可得股份 1.1 股；

（2）自然年龄在 20 周岁（不含 20 周岁）以上至 60 周岁的本社社员按农龄可享受每 5 年为 0.1 股，人口配股 1 股，农龄股按实际农龄计算；

（3）自然年龄到退休年龄的（男女 60 周岁）以上的，再照顾农龄股 0.1 股，农龄股最高不超过 0.84 股；

（4）凡是从 1962 年至 2003 年原是本村社员已嫁给他乡农业户口人员（包括户口未迁出人员）可享受人口配股 0.2 股，农龄股按实际农龄计算（农龄股至结婚登记日截至），其子女不享受股份；

（5）判刑者并被剥夺政治权利者应扣除该期间年份；

（6）征地农转非等领取一次性安置费人员，可享受人口配股0.7股，农龄股按实际农龄计算；

（7）参军、转干人员及随军配偶可享受人口配股0.6股，农龄股按实际农龄计算（参军农龄股是指士兵、转干后不算农龄股）；

（8）顶职人员可享受人口配股0.6股，农龄股按实际农龄计算（顶职人员农龄是指没有顶职前年份，顶职后年份不计算农龄股）；

（9）求学人员可享受人口配股0.6股，农龄股按实际农龄计算（求学人员指自己读书后户口农转非）；

（10）农嫁居人员可享受人口配股0.7股，农龄股按实际农龄计算（农嫁居人员指嫁给城市居民现在户口还在本村人员）；

（11）凡是1962年至2003年村分配招工和征地招工人员可享受人口配股0.2股，农龄股按实际农龄计算；

（12）一方户口在本村的，子女随父或母户口报非农户口的（包括随军子女、农转非子女、农嫁居子女户口在本村的），不包括农嫁农子女在内，一律照顾人口配股0.3股，不享受农龄股；

（13）因响应国家号召的上山下乡知识青年不享受人口配股和农龄股（包括临时在村报户口人员）。

章程还规定Y村股份经济合作社是原村级经济实体，为确保资产保值、增值，实行董事会成员经营风险责任制和资产效益奖励责任制，如能完成股东代表大会通过工作经济管理指标，则可按合作社实际可分配资金总额奖励1%，不完成按不完成数差额扣1%，超指标完成超出数按5%得奖，奖金分配按董事会现金抵押多少比例分配，董事长工资由上级主管部门定，董事工资按董事长工

资打70%—80%折算,并由股东代表大会表决通过。股份经济合作社沈姓副董事长解释说:

> "所以说,2003年年底前也不叫股份经济合作社,那时候叫经济联合社。根据民政部的要求,股份经济合作社就是把'三资'——'资源、资产、资金'进行股份量化。我们这个股份量化一共就是以两个股的形式确定的:一个是人口股,还有一个是农龄股。2003年12月30日为截止日期。原则就是'增人不增股,减人不减股'。12月30日之前的有就有了,12月30日之后呢,年轻人结婚了,外地人迁进来了,就没了。"

三、撤村建居:Y社区基本概况

伴随着城市化、社会流动性加大,传统意义上的乡村社会在现代城市社会的强烈辐射、渗透,村落边界的封闭性与完整性被打破,开放成为事实。[①] 传统乡土村落呈现日趋消解之势。据住建部《全国村庄调查报告》资料显示,从2003年到2019年,全国的行政村数量从2003年的663486个减少到2012年的588475个,到2019年的53.3万个,平均每年减少7249.2个;而居委会从2003年的77431个增加到2012年的91153个,到2019年11万个,平均每年增加1809.4个。这表明全国"村改居"的速度在最近20年明显加快,这既是大势所趋,也是发展需要和机遇所在。

2004年12月Y村撤村建居成立社区。2007年4月11日,浙江省G区所在的市委、市政府联合颁发了《加快推进撤村建居工作的若干意见》不仅对推进全市撤村建居工作做了政策性规定,

---

① 李培林:《村落的终结:羊城村的故事》,中国社会科学出版社2014年版,第32页。

也对撤村建居村 10% 留用地指标、开发性安置用地指标进行规范落实。Y 社区按照拥有集体土地的 10% 作为留用地的政策,经股份经济合作社申报,股民代表大会通过,对 45 亩土地进行开发建设,以出租的形式,引进企事业单位。目前辖区内有天天伞业集团、新时代科技、大地印刷和国际大酒店等多家企事业单位。

经过多年发展,Y 社区已发展为总面积约 3.07 平方千米,社区居民 780 户,常住人口 2000 余人,外来人员 14000 余人,沿街商铺店面 150 余家,辖区进驻企业 300 余家的人员密集型大型社区。近年来,借力城中村整治和小城镇整治,着眼于村容村貌治理、社区的文明教化养成,Y 社区大力整合资源,建设改造社区文化家园,并配有社区办公用房 1000 多平方米,内设社会保障、帮扶救助、综治调解、宣教文体、卫生计生、环境绿化和妇青老年等部门,并建立了一站式服务大厅、便民服务站等多种服务平台,组建腰鼓队、健身队等社区文体队伍。Y 社区各项事业得到快速发展,居民得到了实惠。其做法得到了浙江日报、人民网、光明网、浙江在线、新浪网等全方位、多类别媒体的宣传报道,有力地提升了社区的美誉度和影响力。

第二节　城郊接合部"村改居"社区的对接现状

由农村社区转变为城市社区过程中,城郊接合部 Y 社区既呈现了乡村与城市、传统文化与现代文明、国家与社会(村庄与个人)之间的复杂关系及其社区实践,出现了诸多承"村"而来、因"改"而生和因"居"而聚的并轨、衔接和整合问题。

一、承"村"而来的挑战

1.违建现象滋生

1980 年之前，Y 村一带的居民住房以土木结构为主。1980 年，根据政府相关文件及政策，土地被分包到户，自此 Y 村的村民以政府审批、自主建造的形式，进行楼房建造。2000 年，村民获准可按照"统一规划"的建设思路，对楼房进行改造。按照规划，村民合法批建的楼层为 3 层，但目前 90% 的房子都已经加高到 5—6 层，为 Y 社区治理带来一系列问题。

一是违建不止隐患多。在 Y 社区，租房问题不仅关乎农转非居民的生存问题，也关乎农转非居民的主要经济来源。一方面，Y 社区是一个典型的城郊"农村"，这里人多繁闹、商铺林立、环境杂乱，生活在这里，相对市中心，成本不是很高，由此吸引了很多外来务工人员到此租赁。另一方面，为了赚取更多的利益，这里的违章建筑不断滋生。一边是不断扩张的临时出租房，一边是不断被挤压的环境空间，由此带来了群租群居的违规用电、用火和用气等消防安全隐患。面对 Y 社区的违章建筑及种种安全隐患，区城建办章先生告诉我们：

"我们想推倒重建的，但难度在于：一是老百姓意见不统一。一幢房子赚 10 万—15 万元，一拆迁，他们担心收入。二是区级财政有限，整体拆迁需要 10 多亿元，有点吃力。三是安置面积有欠缺的，比如配套的学校、幼儿园都没有地了。这些都是限制的因素和政策的瓶颈。同时，我们也不能一改了之，外来人口住宿不考虑会造成社会问题。很多城里上夜班的人，都住在这里。"

二是"两违"建筑处置难。在 Y 社区，"两违"建筑形成原因复杂，既有村干部带头建造违章房所致，也有被征收户自建房而成，加上村民①私下交易买卖，以及集体土地被少数村民侵占后低价租地后转手租给外来企业等，都增加了"两违"建筑管理的难度。此外，"两违"建筑具有周期短、隐蔽性强等特点，监管调查程序烦琐，核实清理工作推进难，整治乱搭乱建行为，严控"两违"建筑增量去除存量，"拆""控"两头并进，还有很长的路要走。柳镇负责拆迁宣传的小张告诉我们：

> "这里的问题是三层以上的违建区里默认可以有偿使用的，拆不了。什么叫有偿使用，就是未批建，自己用可以。此外，如果拆除顶层违建，下面漏水怎么办？后来我们只好定了原则先把落地违建拆掉，否则不好处理。"

2. 集体资产管理不当

集体资产的增值、保值与村庄的发展建设息息相关。资产管理、运营不当都会引发诸多矛盾。一方面，城郊接合部 Y 村由于其优越的地理位置，城市化过程中村集体得到了很多优质资产，但是当时的"村两委"由于缺乏战略眼光，过早地把优质资产推向市场，兑现成了人民币并分给村民，当时村民是高兴的。这种"杀鸡取卵"、缺少远见的资产处理方式严重影响了村集体经济的发展与壮大，导致"村两委"常常入不敷出，需要动用历史结余资金，否则一些日常工作都难以开展，村民与村两委矛盾日益凸显。对此，现在的"村两委"主要领导感叹：

---

① Y 社区虽然已经撤村建居，但是这里的居民习惯称呼自己为村民。

"村里为老人安排一个重阳节花费就近 60 万元,加上其他日常开支,全年将近 150 万元。新上任的'村两委'也想取消这项开支,但是上任'村两委'都开支,现在取消的话,村民就会认为我们这任'村两委'没本事。甚至还认为'他们的钱'被我们花了,意见很大。"

另一方面,征地资金的管理混乱、租地合同签订程序的不规范以及土地出让租金、水电费等费用欠收等一系列问题造成了集体资产无形流失,村民因利益受损而怨声载道。纪委书记蒋书记表示:

"Y 村的征地资金使用比较混乱,合作社也没有台账。不少合同是领导私下签订,造成集体资产损失严重。如天明路 714 号地块,租金从来没有交过,承包人与集体的关系不清楚;黑云幼儿园地块,租金长期没有交,租赁关系不明确;集体资金违规出借给无关企业 2600 余万元还没有追回等等。"

撤村建居后,新"三驾马车"即社区党组织、股份合作社、居委会等治理主体的职能定位虽已明确,但实际运行中,三者权责不清晰,导致村庄整治、农居点拆违、企业租赁合同管理和租金水电费收缴等方面的重大决策实施不力。所在街道为工作便捷,也默许社区干部以"村委会"的形式开展工作。

3. 领导班子公信力弱

传统农村的管理体制是由村党委、村民委员会和村经济合作社"三驾马车"构成。依照现行法律规定,村党委是农村基层组织,在村庄治理中处于领导的核心地位,以传达上级方针政策为主,可直接行使民主权利;村民委员会则是由全体村民选举产生,相对于由乡镇党委指定和村党员选举的村党委，具有更广泛的群众基础，其工作以关注广大村民的切身利益和诉求为主；而村经济合作社作为改革开放后诞生的农村新集体经济组织，主要职责是代管运作集体财产。足见，"三驾马车"在村庄治理中各占一席之位，彼此相互关联，相互牵制，发挥着不可替代的作用。调研发现，Y村"村两委"班子正气不足，战斗力不强，核心作用发挥不够，引发了村民诸多不满。镇党委书记何书记告诉我们：

> "村民多次反映部分村干部持有企业干股等问题，确实存在。例如朱某华与物资学校、大通电缆、日月电缆的关系存在问题；村干部沈某平租赁土地经营、吴某伟房子落地超面积及哥哥老房子没有拆除问题、沈某丽父亲私下买卖宅基地情况、社区干部在社区、合作社两头拿工资的问题、杨某和吴某英已经退休还在发工资等。"

4. 股份经济合作社发展有待完善

首先，法律定位尚不明晰。作为农村集体资产的产权主体，股份经济合作社由于其兼具营利性和公共性，使无法根据当前法律对其性质进行明确界定。它不属于我国法律规定的自然人、企业法人、社团法人和机关法人四种民事主体类型中任何一种。其结果是，股份经济合作社很难进行工商、税务登记和项目审批。同时，股份经济合作社又担心因获得经济主体的法律地位，而丧失目前享有的各项政策优惠，比如原先以村党组织名义享受的诸如创建"党建示范点"的补助等优惠政策。

其次，经济职能和社会管理职能尚未理顺。"村改居"重要目标之一是，将农村的经济组织与自治组织中相分离，实现经社分离和政经分离。事实上，绝大部分股份经济合作社仍然负担原行政村所承担的社会管理职能。在 Y 社区，一方面，区和街道安排的重点工作，如消防安全等仍需要股份经济合作社负责人来推动落实；另一方面，许多居民在医疗、就业、就学和环境卫生等问题上，仍习惯找股份经济合作社负责人解决。这些行政责任显然与股份经济合作社的"经济"职能不相匹配，既牵制了合作社经营班子的精力，占用了合作社的经营资金，也不利于合作社的资本化、市场化运转，影响了合作社的规范发展和长远发展。

最后，内部运行机制尚不健全。股份经济合作社虽然建立了以"三会"①为基础的内部治理结构，具备了现代企业制度的初步形态，但距离理想的现代企业制度的要求还有很大的差距。一是股东和股权的社区封闭性。在 Y 村，股东仅限于原村村民，股权流动困难，难以实现资本重组和资源优化配置。二是监督和激励机制不健全。股份经济合作社的监督机制延续村委会的做法，难收实效，有的监事会与董事长关系密切，监督流于形式，有的监事会与董事长关系对立，专挑毛病，过分监督。三是股份经济合作社党支部与社区党支部协调工作机制尚未形成。"村改居"后，虽然股份经济合作社党支部和社区党支部都得以建立，二者都隶属街道党工委，也有一些干部在二者之间交叉任职，但是总体上说二者的融合度还不够。由于彼此间缺乏有效互动与链接，导致 Y 社区治理没有"主心骨"，社区秩序混乱。重构新秩序、重塑管理机制，已是不容回避的现实问题。

---

①　"三会"指股东大会、董事会和监事会。股东大会是公司的最高权力机关，它由全体股东组成，对公司重大事项进行决策；董事会是由董事组成的、对内掌管公司事务、对外代表公司的经营决策机构；监事会是由股东大会选举的监事以及由公司职工民主选举的监事组成，对公司的法律教育网业务活动进行监督和检查的法定必设和常设机构。

二、因"居"而聚的治理挑战

1."新居民"意识不浓

一是"居民"身份认同模糊。"村改居"社区是一个由血缘、亲缘、宗缘和地缘关系结构结成的熟人社会。社区居民对传统农村社区在经济、日常生活、情感、社会交往和心理认同上有强烈的依赖感和认同感。"村改居"后，虽然外在身份、社区环境以及相关的制度安排都已经发生改变，但是由于"文化堕距"①效应的存在，导致新居民依然生活在城乡二元结构的"模糊身份"中，传统农村的行为方式、生活习性、风俗习惯乃至文化价值观念都一直延续着。被调查新居民中，有 57.7%认同"自己还是原村的村民"，有 58.6%认同"自己还不是真正的社区居民"，有 60.1%认同"自己生活没有发生变化"。与此同时，由于大部分亲属、邻里关系在本社区中，他们的日常交往仍然维持着以血缘、亲缘为基础的相对闭塞的交往模式，与原村村民外的其他社区成员尚未建立实质性的关联，对社区缺乏认同感和归属感。

二是身份转换意识薄弱。城市社区居民是社区治理的中坚力量，也是多元治理中不可或缺的主体，但是"村改居"社区居民对一些与自己经济利益挂钩密切的参与性就强，如涉及集体资产红利分配、社会保障购买、特殊病种登记等，但对社区建设、社区环境卫生管理以及公益性活动等缺乏公共意识和责任意识。被调查的新居民中，仅有 36.5%表明自己会"关注社区的公共事务"，仅有 27.8%表明自己会"参加社区的志愿服务活动"。不仅如此，少数

---

① 美国社会学家威廉·奥格本提出的一种理论，认为相互依赖的各部分在文化变迁中速度有快有慢，导致各部分间的不平衡、差距等社会问题。

年长居民还拒绝交纳物业费、停车费等,理由是:"那时候都不用交这些费用,现在为啥就要交?"

因此,在较长一段时间内,Y 社区停留在低档次、粗放型的管理状态,高端物业公司管理无法引进。不少居民保留着原农村的生活习惯,煤球炉放在家门口,柴火堆放在楼道,绿化地不知不觉变成菜地的现象也时有发生。

2. 传统茶产业传承问题

茶业是一项技艺,培植、管理、采摘、炒制都需要长期学习和积累。调研发现,如今在茶地上操持的绝大部分是六七十岁的老人,四五十岁的中年人并不多见,而更年轻的,也许大部分连自家茶地在哪里都不清楚。访谈中,Y 社区知名茶艺师华老伯表示:

> "Y 村是龙茶的传统产地,这里世世代代以茶为生,山是好山,茶是好茶。"

随着科技的进步,如果 Y 村的茶树未能培育出更好的品种,那将被其他地方的茶叶超越,逐渐丧失龙茶的优势。同时,龙茶幼苗的培植,日常的施肥、浇水等都非常讲究,需要是代代口传、代代相教,没有年轻人参与,这门技艺如何传承下去? 此外,Y 社区的茶叶制作,尤其是传统手工炒制正逐渐失传。因此,如果老一辈干不动了,我们如何不辜负这一方好山好茶,不辜负这世世代代的传承,是 Y 社区茶传承和发展的一大现实问题。

3. 公共产品、服务供给差异化

虽然 G 区政府在 2004 年全面启动撤村建居工作后,曾相应出台了 2004 年《G 区撤村建(并)居实施办法》和 2006 年 6 月 25 日出台的《关于G区撤村建（并）居有关政策的意见》两个政策文件，明确规定"撤村建居村民农转非后，在就学、供水、供电、供气等方面享受市区居民同等待遇"，"市政公用、园林绿化、市容环卫管理原则上按城区现行管理、作业模式进行"。但实际操作中，撤村建居社区的公共服务和公共产品供给与城市社区还是有区别。加上"一市一区"的体制原因，涉及撤村建居工作的80%的职能在市级职能部门，尤其在城建规划、国土以及执法等部门，但实际工作的责任和主体都在区一级，由于责任与权限的不对等，造成工作体制不顺，工作效率不高。

一是公共产品供给主体缺位。如在2016年G区所在城区推进城市管网改造，无论是对城市建设还是老百姓而言，这是民生工程、是好事情。但Y社区与Z社区仅一街之隔，就因为Y社区是撤村建居社区，Z社区是城市老社区，管网改造一边需要社区集体经济组织承担，一边则由市政中心投入。显然，撤村建居的Y社区因资金短缺，管网改造工作被暂时搁浅。据多方资料显示，因撤村建居社区，政府投入不足，影响撤村建居社区的整体规划、后续管理与社区整体环境的问题，不是特例，而是普遍现象。受资金问题的束缚，城郊接合部"村改居"社区普惠性的民生服务难以真正落地。

二是社区服务力量不强。目前，Y社区配有专职社区工作者6名，其中大专以上文化程度达87.3%。从数量和受教育程度上看，这些社区工作者的专业知识和技能还有待提升，其中获得职业水平证书的比例为仅为30.3%。从工作经验和经费投入看，Y社区有些社区工作者对于撤村建居社区情况以及村民交往的方式方法不了解，还处于探索阶段。社区经费投入主要包括社区人员经费和工作经费,人员经费包括社区专职工作人员和保洁人员的基本工资和基本养老、医疗、失业保险等;工作经费包括水电费、办公经费等。加上Y社区事务行政化、日常工作繁重,社区经费投入不多,晋升和激励手段有限等原因,社区工作人员的流动性较大,留不住人才。

三、因"改"而生的并轨挑战

Y社区作为典型城郊接合部社区,一方面依然保留或者残留着传统农村或者乡土社会的底色,其村落依然顽强地生存着;另一方面,其边界不仅是多元而分化的,而且带有国家与社会、城市与乡村、解构与建构、自然与人为等混合型特征。Y社区似是而非的城乡定位和固有特点,既体现了对城乡二分的现代社区模式的反叛和弥合,也呈现出"村改居"社区的自然、社会、文化、行政等边界的固守与改变。这里的"边界"不仅指可以被识别、自我确认和使用的实体或标志所能划定的范围与场域的界限,还指通过日常生活的各项实践而在认知、互动以及制度制定等层次体现出的分类策略与"划界"过程。

1. 自然边界:"村居点"与"村社资产"

与纯粹农村社区或城市社区不同,Y社区的形成既是一个国家、市场与社会三股力量互动的结果和过程,也存在阶段性的变迁过程和跨越纯粹社区景观、土地权属或行政归属的空间认同。

(1)村居点:一个迥异的城市景观

村落共同体的组织形式一直被视为与中国"现代社会"发展不尽相融。费孝通先生认为:"都市的兴起和乡村衰落在近百年来像是一件事的两面。"① 作家麦家也曾表达城市和乡村就如同一条藤上的两只瓜,一对此消彼长的"冤家"②。城市化推进下,Y村在极短的时间内迅速转型,朝向城市社区迈进,并被赋予了新的内涵,其居住形态和社区景观具有转型的特殊性。居住形态主要指住宅的外在风貌,从最先的土墙房,到20世纪的二层洋房,再到2000年开始采取当时较为先进的"统一规划"的建设思路,即按照统一样式施工,一户一宅,均为三层低层建筑。城市扩张带来的土地价格急剧上涨,使拥有土地的Y村农民获得了发财的机会。

城市化推进下的Y村在极短时间内迅速转型,一方面,村居点③的自然边界是政府规划和村集体、村民建设的结果,具有人为的建构痕迹和互动成分。无论是家庭住宅面积的规划和分配,还是整体村落的横向平面铺开,都是根据村落的人口平均宅基地基数进行。除了横向生活空间外,纵向的生活空间也构成村居点自然边界的另一类景观。一个相对正规和直观的"立体式"生活空间,构成了Y村的自然边界。另一方面,随着Y村不断融入主城区,Y村古老的生产、生活方式被彻底抛弃了,他们的劳作对象不再是田野茶地,而是一间间出租房以及来自五湖四海的房租客。在这里,房客、房东与做生意的小商人,俨然形成了相存相依的共生关系。无论是原居民、居住在Y村的外地人,还是路过、听说的外在他者,Y村的自然空间和地域边界都是明显和独特的。

---

① 费孝通:《乡土中国,乡土重建》,上海世纪出版集团2007年版,第254页。

② 陈野:《乡关何处——骆家庄村落历史与城市化转型研究》,浙江人民出版社2016年版,第3页。

③ 围绕"村改居"社区,不同主体有不同称谓,街道人员一般称其为"村社""村居点"或"社区"。

（2）村社资产：工业园区和村民活动场地

Y 村在土地被征用之时地方政府给予了约 10%[1]土地指标用作为村集体经济发展。包括 Y 村在内的很多"村改居"社区都开始利用商业化方式运作这些土地，使其由资源变成资产，给村民带来源源不断的财富和金钱。这些通过政府土地升级后合法化的工业园区，构成了社区集体的固有资产，也是社区居民所共知的村居点有形集体资产。

折晓叶[2]在分析"超级村庄"时，认为村落经济扩展的趋势是无法阻挡的。在 Y 村的经济体系里，不仅以集体经济为中心的股份以公司化的形式，直接参与了市场化和全球化的分工，而且这些以资产形式呈现的集体化身，也形塑着 Y 村原居民的社区认同和集体情感。除了供商业出租的大楼和自筹建设的商业或工业厂房外，Y 村还有几处让人印象深刻的地方就是村集体的活动场所——文化家园。这个公共活动空间的存在，既是推进集体凝聚力和社区融合的机制，也是社区特殊地面标志物之一。

Y 村供集体活动的建筑场所散落在村社各处。如果说当地人与外来者居住的生活区，被看作一个混杂、混居和混乱的生活空间。那么，Y 村的文化家园则构成一个具有内部占有和外部排斥性的公共空间。然而，这些物理空间的营造和分化效果的呈现，既保留着传统村落的行动规范和边界意识，也缓慢地接受着外来力量的冲击或深受外在、现代化规则的塑造。

---

　① Y 村属于第三批撤村建居社区，实际上没有享受到这项优惠政策，没有这么多商业用地。

　② 折晓叶：《村庄的再造——一个"超级村庄"的社会变迁》，中国社会出版社 1997 年版，第 287—288 页。

2. 社会边界：差序场中的村民、朋友和房东身份

一般而言,社会边界属于人类主观世界的产物,用来区分和划定不同社会群体之间的界限,即用以区别我们与他们。社会边界一方面通过饮食、语言和习俗等有形的物质形态表现出共享的符号象征,另一方面通过情感和主观认知形成身份判断和价值认同。在一个完整的村居点或者"村庄共同体",社会边界既是对"村民身份的社会确认或法律确认"[①],也是基于血缘、地缘关系的社会圈子。借助萧楼[②]"差序场"的概念,在 Y 村有三块不一样的"石子"投入进来,形成了比"差序格局"更为复杂的社会关系网络:一是基于地缘血缘关系的村落圈子或村民身份,这是一种原始的关系网络;二是基于职业、兴趣或爱好等结成的朋友关系圈;三是在村庄成员基础上强化而成的以房屋租赁为中介的"房东—租户"群体。

(1)村民身份:血缘地缘关系的延续与淡化

中国社会的流动与转型给村落带来的冲击,不仅仅是人口的流动和经济的城乡统筹,也带来各种传统社会思想和乡土经验的瓦解,其更为基础的血缘地缘关系也逐渐淡化。然而,Y 村不但延续着血缘地缘关系的社会边界,而且在某种程度上,在"核心家庭本位"[③]占据主导位置的同时,与其他家庭、邻里甚至生产小组等多元化的社会关系网也有着密切的建构和实践。

---

① 费孝通:《江村经济——中国农民的生活》,戴可景译,江苏人民出版社 1986 年版。

② 萧楼:《夏村社会:中国"江南"农村的日常生活和社会结构(1976—2006)》,生活·读书·新知三联书店 2010 年版,第 290 页。

③ 谭同学:《村治理中的权力、经济和文化因素——兼论乡村建设的三个面向》,《学习与实践》2007 年第 8 期。

一方面"村改居"后 Y 村的村民的血缘地缘关系虽有淡化,但对村落(社区)的认同和归属感在实用理性作用下得以强化。不但 Y 社区领导干部需要村里具有一定威望的人出来担任(外来人干不了),而且村民对原来地缘血缘关系浓厚的村集体、村组织和社区管理的认同,也使 Y 村"村改居"后复杂的社会基础、管理结构和政治生态所反复强化和夯实。村民来找村委(社区),村委力所能及或无可奈何地要替村民办理事情,被村民认为是理所应当的事务。就像我们村落访谈对象小薄所说的:

> "村里不但每年端午节要组织大家一起吃饭,还要在七月三十、冬至、清明等节日,组织村里的人去拜佛烧香。"

无论是基于传统风俗还是自然崇拜、祖先崇拜,这种仪式化的社区活动的开展,既离不开集体组织的动员和社区居民的参与,也在某种程度上进一步强化了 Y 社区的集体意识和社区认同感。

另一方面,在村民社区认同感保持甚至强化之下,村落内部呈现了家庭、邻里和生产小队等多层次的群体认同和身份确认。如果说传统乡土社会中的"家"带有某种经济功能,而伴随现代化进程中经济功能弱化是发展趋势的话,对 Y 村的村民而言,家不仅带有一种经济功能的"复燃",而且在市场理性和实用主义理念下,家就是金钱本身,具有两种不同的意蕴:一是物理空间的家,即楼房的栋数和房间的多少,这可以给房东带来直接的经济收入;二是社会关系网络意义上的家。因为股份带来的金钱收益、股份的可继承性以及房屋租赁市场火爆带来的收益等,都促使家庭成为一个紧密的整体和利益共同体。这无形之中呈现,基于利益关系而对地缘血缘身份的强化和对村集体社会边界的坚守。

（2）朋友关系：差序格局的"另一个石子"

差序格局是费孝通基于传统中国乡土社会所总结出的概念，它是以"生于斯、长于斯"的乡土社会为经验基础的。当改革带来流动、城市化带来乡土经验的消解以及村民或村落的逐渐终结[①]等社会基础发生巨大改变后，差序格局的实用性或现实遭遇就需要重新进行评估。[②] 无论是横向人际关系还是纵向人际关系，都在发生着联合变动的趋势，都具有"场"的扩散性。于是萧楼[③]基于转型时期的农村社会现实、人口流动过程和人际关系变迁，提出"面向更广阔社会的'职业'也像一颗石子投入了'水池'"。"家庭"和"职业"的链接和交织而成的立体化伦理关系，构成了萧楼所言的当下农村社会关系"差序场"的基本图像。依照费孝通提出的"场"，一个确定的事实是：村落社会人际关系圈在不断扩展，横向朋友关系[④]的重要性逐渐超越血缘地缘关系。

一方面是朋友关系对地缘血缘关系的背离，横向人际关系溢出村落。Y村土地被征用后，尤其是"村改居"之后，居民在身份、社会福利等被纳入了城市保障体系的安全网内，市民想象成为现实可循的生活轨迹。有些人在房租之外，还需寻找其他生计来源和生活基础，譬如做保安、当超市售货员等，这些人在村落地缘血

---

① 李培林：《村落的终结：羊城村的故事》，中国社会科学出版社2014年版，第25—27页。

② 阎云翔：《差序格局与中国文化的等级观》，《社会学研究》2006年第4期；翟学伟：《再论差序格局的贡献、局限与理论遗产》，《中国社会科学》2009年第3期；吴飞：《从丧服制度看"差序格局"——对一个经典概念的再反思》，《开放时代》2011年第1期；兰亚春：《传统"差序格局"的现代诠释》，《社会科学战线》2013年第5期。

③ 萧楼：《夏村社会——中国"江南"农村的日常生活和社会结构（1976—2006）》，生活·读书·新知三联书店2010年版，第290页。

④ 此处的"朋友关系"不同于基于地缘血缘和道义伦理等原则为基础的传统型人际关系，本书主要立足于职业、爱好或志趣等而结成的同事关系、趣缘关系等。与其他城郊接合部一样，Y村的地缘血缘与业缘、趣缘在某些方面是重合的。

缘基础之外,会建立其他形式不一的生活圈和关系网。这种由职业或趣缘所引发的横向朋友关系的扩展,无疑是对传统血缘地缘人际关系或者以家庭为交往关系的背离。

另一方面 Y 村独特的社会政治经济生态,又在某种程度上限制了以"职业"为核心的朋友关系"溢出"的宽度和广度。作为"村改居"后的城郊接合部社区,Y 社区的居民依旧保留着"村民"的另一种身份。由于 Y 村特殊的社会经济体系,导致很多原居民在发展或拓展其外向朋友关系的同时,也需要注重对村落内部邻里关系的维持,注重集体生活的参与以及社区伦理、社区舆论的影响等。这种对村落社会关系网络的在意,即使不会削弱其村落外关系交往的开展,也会在某种程度上限制其交往的深度,在众多邻里互助、利益纠纷以及家庭矛盾等生活化事件中,就不得不对自己在社区中的身份、形象和道德评价加以考量。

(3)**房东身份:强化的"新"社会关系**

李培林在《村落的终结》中提出,"身份和房产"是社会四大分层的因素之一。"房东"身份的生成是在城市化过程中不同利益行动者互相妥协的产物,也在生活实践中借助"出租与租赁"的社会互动中得以强化。

一方面,房东所具有的新社会身份的生成,基于两个维度:一是宏观性城市化进程的社会动力;二是基于村庄成员身份而带有的房屋占有和空间权利。G 区作为一个现代化城市,吸引着不少创业者、学生和农民前往。仅在 Y 社区就有将近 1.4 万人在此处租房居住,这些外来者无疑对租房有着巨大的市场需求。更为重要的是,失去土地的 Y 村的村民,在彻底"翻牌"或"村改居"后,不仅仅是社会身份的转变、社会权利的扩展,也带来了农民生计方式的转型。Y社区居民利用房租来营造生活,已经成为其日常生活支出的最为主要的收入来源。

另一方面,房东新社会身份的生成是与房客的对比关系中形成和确认的。伴随Y村被迫纳入城市化进程、行政归属的社区化,失去土地的Y村人在怀念往昔村落生活且生活方式未曾改变的时候,同时也在改变着自我的生计方式。他们每天不是在租房子就是在与租客打交道的路上。尤其对出租房屋的Y社区居民来说,我们(Y社区的人、出租人、本村人)与他们(外地人、承租人)在利益认同、交往程度和交往目的等身份关系上需要加以划分,是可以区分开来的两个群体①。

3. 行政边界:社区管理组织的形式分离与现实合一

行政边界是一种基于权力自治或国家权力下乡的管理体系。Y社区的集体组织一方面具有清晰的组织流变过程和差异的组织功能归属,如村委会被居委会替代、居委会处理社区事务和承担上级政府的行政任务,公共服务站为流动人口等群体服务,经济股份合作社处理村落集体经济问题;另一方面在当下的事务管理过程中,居委会(村委会)和股份经济合作社等不同的村内组织,以不同形式存在于治理力量的合作、冲突或对抗互动关系中。Y社区内的管理组织在行政、社会与经济事务上的组织分化,似乎和实践进程中的混沌清晰合二为一,带有黄宗智②所言的"形式与现实分离"的社会特征。

---

① 对外来租客而言,房东与房客间的关系和界限是能分清的。这是一体两面的社会事实。

② [美]黄宗智:《华北的小农经济与社会变迁》,中华书局2009年版,第21页。

（1）社区管理组织分化与功能差异

从组织体系上来看，农村和城市的基层组织管理架构有着较大差别：农村主要是依托"村两委"，实行的是"区县政府—乡镇政府—村委会"的管理架构；而城市实行的是"区政府—街道办事处—居委会"的管理架构。撤村建居后的 Y 社区，组织管理显得错综复杂，不仅村委会逐渐被城市社区居委会所替代，而且负责行政、经济、社会等功能的专门化社区组织也相应成立了。如同其他"村改居"后的城郊接合部社区一样，Y 社区面临着从乡村到城市的两套基层党组织的并轨、衔接和整合问题，需要在"组织结构、人员构成、职能重点和经费来源"[①]方面进行改组和重建。这不是后者替代前者的简单过程，而是需要全面转变的过程。

（2）社区管理组织的实践合一

在 Y 社区，由于日常生活的便利性、村民生活习性以及组织结构的有意安排等原因，使原本组织和功能分离的三种组织，在实践中时而分离，时而界限模糊，出现了甚多的功能替代。如 Y 村股份经济合作社虽然本质上是经济组织，实际上还承接了村民委员会和居民委员会的主要职能，实质上与社区"两委"基本实行"三位一体"的架构。例如，在经济管理方面，Y 村股份经济合作成立后随即成立清产核资领导小组，明确资产权属，对长期困扰村集体的本村企业和外部企业的债权债务进行清偿和追讨。在社区治安与综治方面，成立了巡防中队，全面负责落实该区域的社会治安综合治理的管理责任。通过对该区域

---

① 吴莹：《村委会"变形记"：农村回迁社区的基层组织建设研究》，《社会发展研究》2014年第3期。

监控、智能门禁系统和交通标识等一系列硬件设施和设备的提升改造，实行安全防范、秩序维护和流动人口管理三位一体的管理模式。在社会保障方面，为解决居民养老保障问题，股份经济合作社积极为符合居民申办"双低"养老保险（"双低"即低标准缴纳、低标准享受），并积极争取超出年龄段的征地居民与无经济实力的残保人员 30% 的政府财政补贴。同时，建立"教育发展基金"，为每年评上"三好学生""有为青年"以及考上大学、重点中学的优秀学生给予一定的物质奖励与精神鼓励。

4. 文化边界：城乡交错的混合认知

对当下中国社会及其村落文化而言，传统村落不断分化的进程中，处于城郊接合部的村庄边界分化或者日常变化，不仅是一种渐进式和渗透式的生活改变，也是基于"现代文化下乡"或"城市文明进村"的实践逻辑过程。这种乡村文化与农耕文明是同城市文化与现代文明相互交融，相互形塑，不但整体性地混合了乡村文化与城市文明，也在纵向社会认知和横向人际关系上呈现出更为复杂的特征。Y 社区村民的这种"内文化—外文化"①混合型社会认知，往往呈现出一种转型的社会行动和文化建构。

乡土村落转型为城市社区之后，Y 村城里人的身份定位或许是获得政府认可和支持的，在某种程度上给村民提供了城市人的理想生活图景。在 Y 社区原居民的眼里，Y 社区是不是城里？我

---

① 此处的内外文化区分有两层含义：一是基于文化属性差异：内在的传统乡村文化与外来的现代城市文化；二是基于认知程度不同：被 Y 村村民内化和认同的与未被内化和认知的。

们在 Y 社区的访谈对象小蔡就直言不讳地认定，Y 社区仍然属于"城乡接合部"。他同时对 Y 社区在 G 区这个现代化大都市的位置给了一个自我合理化的认定：

> "在我们眼里，大田往西就是乡下。小时候去大田，算是去镇上。比如说来客人了就去大田市场买菜，而不会去小区后面的小菜市场稀里糊涂弄一顿，大田更上档次一点，大田再往东就是城里了。"

从过去生活经验和社会实践中，Y 社区人对 Y 社区作为乡下的认定，在物理边界的村（Y 村）—镇（大田）—城（G 区）三个层面划分之下，产生了三种社会文化边界，即村里人、镇上人和城里人。这种生活经验、文化边界和心理认同，在撤村建居之后仍具有延续性和合法性。Y 村人不仅认为"村改居"后的社区还是 Y 村，有什么事情也还是去找村委会。Y 村原村委会主任，现股份公司副董事长沈书记颇为感慨地说：

> "这里的老百姓只认村，认为我这里就是村委会。认为跑到村委会，什么都可以解决了。"

一夜之间经历从农民到市民身份转变的 Y 社区居民，在思想、文化和习惯等方面均未实现真正的转型，尤其是文化层次不高的老一辈 Y 社区居民，难以适应城市生活。

城与乡、城里人与乡下人间的区别似乎具有天然的分界线，这对 Y 社区人来说，无论是生活居住条件、人际交往模式还是社会文化沿袭，Y 社区原有的乡村气质和乡土文明，都在城市化浪潮和国家力量推动的"乡村城市化"中顽强地存活，且有原型延续或转型延续的可能。只要 Y 社区集中居住的模式不发生巨变，只要城郊接合部的地理位置不被"再城市化"工程占据，乡村气质和乡土文明依然不会"终结"。①

"村改居"社区的自然、社会、行政和文化边界及其辨识，凸显了乡村与城市、传统文化与现代文明、国家与社会（村庄与个人）之间的复杂关系及其社区实践。

第三节　走向"城""郊"双向融合的
"边界"跨越之路

新型城镇化作为我国的重要发展战略，中央明确要求到 2020 年要解决 1 亿人口的城镇棚户区和城郊接合部"城中村"进行改造，并将其定为重大民生工程来落实。滞后于新时代发展脚步的城郊接合部地区，迎来了多年来难以破解的好机遇。借助此时代机遇，当地政府对类似于 Y 社区的"村改居"社区进行了硬件更新和软件水平升级，依托现有公共空间，对党建引领、生态保护、宜居建设、经济发展、公共服务、乡风文明和乡村治理等薄弱点逐个突破，不断创新"村改居"社区治理路径，全面提升社区"智"理能力。

一、"狠抓落实"：有序推进设施建设

1. 改善综合环境

自 2013 年浙江省开展"三改一拆"行动以来，Y 社区积极配

---

① 李培林所著的《村落的终结：羊城村的故事》一书的结论是：村落终究会终结，但是村落文化不会。

合,经过了以下"拆改配"的三个阶段:一是"拆"。为减少居民担心违建拆除后收入减少的担忧,区、街道和社区工作人员多次上门入户,入情入理地做群众工作。共拆除违法建筑 15 万多平方米,社区的公共区域扩大了,整治后的房屋品质明显提升,租金也涨了,真正实现了政府"减房不减财"的预期承诺。二是"改"。为改善 Y 社区的环境面貌,当地政府不仅对外立面破旧、沿路沿河的农居房外立面进行重点整治,同时把原来的车行道改成步行街,新建环村车道,浇筑沥青路面 1.5 万方,打通宅间路 76 条,使人行和车行分开,保证车辆有序、行人安全。同时,新增了停车位、绿化和沿溪游步道等,极大地改善了 Y 社区的居住和生态环境。三是"配",即完善基础设施、公建配套。经过街道的统筹规划,Y 社区铺设了雨污水管、煤气管道、自来水管道、上改下电力管沟和弱电管沟等 6 条不同管道,不仅实现一次开挖、一次成型和一次回填,也节省了人力、物力,加快了工程进程。经过近两年的一系列综合整治,Y 社区硬件基础设施得到提升改善,整体环境面貌焕然一新。

2. 优化公共服务供给

公共服务面向的是人民群众最关心最直接最现实的利益问题,优化基本公共服务供给是改善和提升民生福祉的重要途径,是满足人民日益增长的美好生活需要的根本要求。为实现人民美好生活,转化、利用和使用好整治成果,需要更大力度在基本公共服务领域,关注民生发展,不断补齐发展过程中历史遗留的短板。为此,在深入调研的基础上,立足"全域规划、全域设计、全域整治、全域管理"思路,依托"十五分钟公共服务圈"建设,当地政府持续发力打造 Y 社区公共服务集合体，补齐城郊接合部社区公共服务不足的短板。

一是增设"最多跑一次"就近办服务点。设置包括流动人口、一窗综合受理和物业服务等 6 个服务窗口，可办理 58 项"就近办"服务共计 4957 件。其中，物业服务窗口是 Y 社区服务中心的特色窗口，已开展物业维修报备、社区停车包月、装修备案和业主房屋出租登记等 4 项服务。二是改造集体用房建设综合体。引进养老综合体、老年食堂等惠民工程，为附近居民、老人带来更好的养老服务和更多触手可及、优质暖心的服务。三是新建室外灯光篮球场、羽毛球场、乒乓球场以及文艺活动场所，设施齐全、环境优美，不仅丰富了辖区居民的文化生活，也满足了居民日益增长的健康需求和娱乐需求，营造了浓厚的全民健身氛围。采访中，街道书记很自豪地表示：

> "Y 社区构建的集党建、文化、体育、养老、政务、生活等为一体的社区级公共服务体，不仅为社会群体融合创建了良好平台，汇聚了基层社会治理强大的力量，同时也实现了基层党组织领导下的民事民议、民事民办、民事民管。"

通过"硬件+软件"的"二轮驱动"和"双引擎发力"，Y 社区的基层综合治理能力不断提升。

二、"党建聚力"：联动各方共建共享

"村改居"的过程，也是党组织职能分解和转变的过程。① 近些年，党建工作成为基层社会治理的重点，党建引领也成为社区治

---

① 杨贵华：《转型与创生："村改居"社区组织建设》，社会科学文献出版社 2014 年版，第 138 页。

理的核心原则和城郊接合部社区治理发展的根本保障。党建是指党的建设,主要包括思想建设、组织建设、作风建设、制度建设、反腐倡廉建设、纯洁性建设等,具有鲜明的党性和实践性。为了避免出现就党建抓党建,党建工作与实际工作相脱离的现象,当地政府不断创新党建工作载体,丰富活动内容。

1. 创新设立"党性体检"制度

Y 社区党委现有正式党员 108 人,预备党员 3 人,入党积极分子 3 人,下设网格党支部五个党支部,18 个党小组。Y 社区党委在街道党工委的坚强领导下,在广泛征求党员干部意见建议的基础上创新设立了党性体检制度。要求每位党员每年党性体检两次,年中一次,年终一次,并由社区党委出具体检报告。"党性体检"把党章党规对党员的要求具体化,督促党员对照标准检视自己的思想和行为,检验初心,增强发现不足、改正问题的自觉性,争做合格党员。主要做法有:

一是结合每月的主题党日,由支部书记带领党员一起重温誓词,学习党章党规、身边"先锋人物"和习近平总书记系列讲话摘要,时刻提醒党员要不忘初心、牢记使命;二是对照党性体检 30 问(包含严以修身、严以用权、严以律己、谋事要实、创业要实、做人要实六大项,每项又分五个小体检指标项),按照《党性体检实施细则》进行检查,查找问题,并将问题张贴到"党性体检找差距"公示栏;三是支部书记为完成体检的党员制作体检报告单,并针对性地进行谈心谈话,制定整改提升方案;四是完成整改提升的党员,将在支部会议上再接受党员的投票评议,根据评议结果逐项摘除(具体评分标准见表 1-1)。

表 1-1　党性体检评分标准

党员类型	评分标准
社区干部	体检项目 30 条,总分 300 分,优秀 270 分,良好 240 分,合格 210 分
组长、居民代表（个体创业）	体检项目 29 条,不含第 21 条,总分 290 分,优秀 261 分,良好 232 分,合格 203 分
组长、居民代表（职工）	体检项目 28 条,不含第 20、第 23 条,总分 280 分,优秀 252 分,良好 224 分,合格 196 分
组长、居民代表（退休）	体检项目 26 条,不含第 4、第 20、第 21、第 23 条,总分 260 分,优秀 234 分,良好 208 分,合格 182 分
普通党员（职工）	体检项目 25 条,不含第 4、第 20、第 21、第 22、第 23 条,总分 250 分,优秀 225 分,良好 200 分,合格 175 分
普通党员（个体）	体检项目 27 条,不含第 9、第 21、第 22 条,总分 270 分,优秀 243 分,良好 216 分,合格 189 分
普通党员（退休未满 70 周岁）	体检项目 24 条,不含第 4、第 9、第 20、第 21、第 22、第 23 条,总分 240 分,优秀 216 分,良好 192 分,合格 168 分
已满 70 周岁党员	体检项目 22 条,不含第 4、第 7、第 9、第 17、第 20、第 21、第 22、第 23 条（原则上不纳入考核）
评分设置	党性体检 30 问:"优秀"得 10 分、"良好"得 8 分、"一般"得 6 分、"较差"得 4 分、"差"得 2 分
正向加分	为保护国家、集体利益安全挺身而出,在抗击自然灾害等突发性事件中冲锋在前、敢于担当,每次加 10 分; 积极为社会公益事业出资出力、捐款捐物每次加 2 分,单次超过 1000 元以上得 5 分; 见义勇为、拾金不昧、助人为乐,每次加 5 分
反向扣分（每项扣 10 分）	在"五水共治""三改一拆"、公共安全整治等重点工作中,袖手旁观、退让回避或拖全社区后腿的; 外出三个月以上不向党组织报告,无正当理由不参加组织生活的; 不讲组织立场和原则,搬弄是非,在群众中搞不团结的; 在公共场合散布违反党的方针政策言论,公然辱骂攻击共产党的
否定指标（一票否决）	参与越级上访或群体性事件; 一年以上无正当理由不参加组织生活; 半年以上不缴纳党费; 违法违纪受到相关部门查处的
备注说明	党员考核结合先锋指数和党性体检报告两项内容;党性体检一年 2 次,每月对照问题作出整改反馈

改革创新最大的活力蕴藏在基层和群众中间。[①] Y社区"党性体检"运行以来,社区全体党员都进行了一次体检,取得了初步的成效。

例如,网格党支部党员小陈通过"党性体检"发现自己有3项没达标。"五水共治"是提高居民群众生活质量的大事,是打造美丽浙江的关键,小陈自家房前屋后的小微水体没治理好,深感羞愧。于是,主动把自家小微水体搞得干干净净,不仅在社区里树立了榜样,还主动申请担任治水监督员。又如,外来务工党员小黄,在Y社区工业园区工作已有十多个年头了,表现一直很不错。通过社区党性体检,他认识到年轻党员应该积极参加社区治理,于是主动申请担任园区网格纠纷调解员和消防安全监督员。由于工作积极负责,受到了广大职工和企业业主的一致好评。

2. 实施社区网格化分区责任制

社区网格化治理是加强基层社区建设,完善基层治理体系的重要载体。所谓社区网格化治理是将社区内部划分为若干大小网格并且配备专门的网格员来负责网格运行。网格员是由区、街、社区以及社区积极分子为代表的社会力量构成,承担着了解社情民意、采集治理信息、服务社区群众和化解矛盾纠纷等职能。

党建引领是基层社会有效治理的重要法宝。为推行网格化治理营造良好大环境,围绕"建设人人有责、人人尽责、人人享有"的目标,Y社区将党建与基层社会治理结合,构建以党组织为核心的整合机制。一是通过发挥"党建+党员"示范引领作用,结合党员

---

① 杨玉华:《非常之年,应最大限度释放基层改革创新活力》,《半月谈》2020年第14期。

固定主题党日,带领群众共同参与到社区各项整治活动中去。开展社区党员户身份亮相,增添党员户标识牌,增设 Y 社区廉政园、清风亭、绿化带温馨提示牌、党建提示牌等,营造良好的党性氛围,提高社区居民的党性觉悟。二是班子成员、党员干部、社区代表、物业各职能部门和居民代表一一充实到网格化管理中,每人认领一份"责任田",按照属地性、整体性、适度性原则,确保"人在格中,事在网中"。三是实施党员包干责任制,每 3—5 家为 1 小组,责任到人,采点对点开展党员服务居民工作;推行"全科社工"制度,建立社区综合事务岗,健全"A+B"岗早八晚八工作制,定期走访和不定期上门的方式,及时了解居民群众的诉求和意愿,打通联系服务群众的"最后一公里"。

通过网格划分、大数据等数字网格技术,改变了社区治理的方式、手段和机制,回应社区诉求,提升了社区自身信息获取、数据管理、数字治理能力,使政府、社区两委、物业以及居民等社区多元主体联结起来,形成了共建共治共享的社区网格化治理共同体。

三、"以智促治":创新"云上板凳"评议机制

近年来,中国一直在探索数字化改革和数字中国建设。浙江省从 2017 年全面启动"最多跑一次"改革以来,在数字化应用、数据平台等方面取得了一系列标志性成果,形成了政府数字化改革转型的先发优势,为数字化改革奠定了扎实基础。Y 社区所在 G 区一直是优等生,起步早、发展快,数字化技术领先、数字化应用场景多。近年来 Y 社区通过创新"云上板凳"评议机制,织密数字赋能的智治网,以数字化手段全面提升社区"智"理能力。

为紧贴浙江数字化改革要求,街道已将"板凳评议团"这一优

秀基层治理经验和智慧化运用开发相结合,将"板凳评议团"进行现代化转型,将议事流程从线下搬到了线上,形成了"云上板凳"新模式。板凳评议机制是 Y 社区为践行"枫桥经验",为群众"提问题、议问题、解决问题"所搭建的平台。为充分发挥板凳评议机制的作用,坚持源头预防、及时干预、就地化解,Y 社区修订完善村规民约和居民公约,定期召开基层民主议事协商会议。通过"云上板凳"模式的"云议事""云直播""云数据"等功能,群众只要有一部手机就可"零距离"参与议事,达到"众评众议、众人事众人商量办"的目标,充分保障了群众的知情权和监督权,让群众在社会治理参与过程中获得满足感、幸福感。主要做法如下:

社区党委牵头成立 15—30 人组成的评议团,由书记兼任团长,"两委"成员、"四个平台"下沉部门负责人、乡贤代表和利益相关群体等为成员,其中法院、司法所等负责人为专业指导组。评议团采取干部群众"同围一张桌、同坐一张凳、同谈一席话",以精细化问题调查、标准化调解流程和公正化处置结果,秉持一颗热心、公心、诚心、耐心做好调解工作,做好村民的贴心人,推动问题解决,不断提高村民感受度、满意度和信任度,逐步形成"调解申请→分级受理→调查判断→制定方案→开展调解→签订协议→调解回访"调处闭环。

评议事项主要分为三类:一是涉及全体或大多数居民的事项,例如垃圾分类;二是涉及部分居民的事项,例如矛盾纠纷化解;三是涉及外来人口的事项,例如出租房消防安全。为了让评议结果更好地落地生根,评议意见以会议决议、调解协议书等形式固定下来,以此增强其约束性和执行力。同时落实专人对评议结果进行跟踪监督和回访,并由社区做好事后公开和存档工作。一方面,板凳评议机制通过深入挖掘矛盾、纠纷产生的根源，采取"多维度"调解，妥善化解因公伤亡赔偿纠纷、装修和生活噪声等居民"烦心事"84多起，调解率100%，调解成功率达95%以上，将矛盾"处置在早、化解在小、源头化了"，实现"琐事不出门、小事不出组、烦事不出村"，进一步激发群众想议事、能议事、易议事和议成事的内在动力，同时充分发挥了德文化"润物细无声"的教化作用，有效促进了乡风文明和社会和谐。

例如，为提升垃圾分类实行定时定点集中投放的投放率和准确率，Y社区制定了两项新制度：一是垃圾分类奖励星级评定制度，二是出租房垃圾分类管理制度。2021年2月20日上午，社区召集了板凳评议团成员、居民代表和社区工作人员等开展社区垃圾分类集中投放两项新制度推进评议会。会中，大家对开展社区垃圾分类集中投放等两项新制度落实过程中的难点、痛点进行了深入讨论交流。会议结束后，社区党委书记带领社区班子成员实地走访，进一步了解两项新制度的推进情况。

又如，2021年年初，园区有员工到社区反映厂负责人拖欠员工两个月工资。了解情况后，社区立即启动板凳评议，组织当事双方代表进行协商。经过长达6小时的协调，双方达成共识：企业负责人承诺月底之前全部结清工人工资，并打下欠条，并与每个相关员工签订调解协议书。

"板凳评议"机制把民主协商机制优化提升为有评、有议和有决的工作机制，不仅为群众参与社会治理提供了便捷方式，充分保障了群众的知情权和监督权，让群众在社会治理参与过程中获得满足感、幸福感，而且深入挖掘了矛盾纠纷产生的根源，找到了居民利益的"最大公约数"，将共识转化为共为，是"自治、法治、德治"社会治理模式的一次有益探索和实践,起到良好的舆论效应,全面提升了基层党组织引领能力和统战能力。

四、"文化睦邻":构建社区精神文化共同体

文化共同体是人类社会众多共同体类型中的一种类型,是一种基于共同或者相似的价值观念和文化心理定式而形成的社会群体,"从文化的角度来区分的人们共同体,同时又是具有内聚力的利益集团"①,"文化"在这一共同体中有起承转合的作用。近年来,Y社区以文化家园为载体,组建各类文体团队,大力开展文化活动,在潜移默化中提升村民的文化素质,使文化家园由单纯文化活动场所发展成"精神家园",让"最美精神"在这里落地生根,不断提高群众的文明素养。

1. 推动内涵化培育,共筑精神家园

根据区委区政府对社区文化家园建设的要求,Y社区在其环境整治期间,利用原先老旧集体厂房旧址建设社区文化家园,全面挖掘并展示Y社区历史文化底蕴,提升居民文化归属感、自豪感。为了打造区域特色,Y社区成立资料收集小组,广泛收集村史村情、乡风民俗等历史资料,征集反映当时生产生活方式的生产工具、老物件物品,合理布局展示,以留住美丽乡愁。与此同时,Y社区注重挖掘优秀传统文化,充分利用辖区资源禀赋,龙茶炒制等非物质文化遗产资源,做到传统民俗文化与现代文明的融合创新,力争做到"一村一品""一社一韵",成为G区的社区文化地标。目前

---

① 郭庆:《试论民族共同体》,《中央民族学院学报》1990年第3期。

的 Y 社区文化家园为三层楼房，面积达 2600 平方米，室外文化广场 1900 平方米，合计总面积为 4500 平方米。一楼为乡情陈列馆、文化活动室、青少年活动室和运动健身区；二楼为匠人工坊、图书阅览室、多功能厅和红色影厅；三楼为社区文化礼堂。文化家园的建设，不仅改善了社区治理，提升了居民文明素养，也已经成为民有所乐的文化集聚地和传承文脉记忆的乡愁基地，成为打造全面小康、全域美丽和全民幸福的首善之区的重要载体。

2. 规范行为准则，增强社区生活治理约束力

社区治理，久久为功；行为规范，约束为上。"社会秩序范围着个性，为了秩序的维持，一切足以引起破坏秩序的要素都被遏制着。"① 一是制定社区公约。组织社区居民制定居民公约，充分发动社区居民广泛参与讨论，将制定公约的过程，变成一次社区居民共识形成的实践。甚至可把"邻居见面主动问好""购物买菜，用环保袋或竹篮"写入公约。二是执行社区公约。社区公约成为每个居民共建美好生活的价值观和行为准则，既要借助"社区好人"评比、物质奖励、精神鼓励等措施加以激励，还要以"红黑榜"、社区通报等方式落实监督。三是夯实社区公约。通过社区道德讲堂、社区文化广场等平台开展公民道德、家庭伦理和社区意识培养等活动，使居民明是非、知敬畏，夯实社区公约的道德与文化基础，树立文明向上的社会新风。Y 社区书记自豪地说：

"现在我们 Y 社区居民空闲时间会到廉政文化园散散步，到文化礼堂听听戏、看演出或练练书法，到退龄荟养老服

① 费孝通：《乡土中国》，北京出版集团公司、北京出版社 2011 年版，第 68 页。

务中心当志愿者和看望慰问老人,到红色电影放映厅去看红色电影,文明的风气正在转变。"

3. 开展社区教育,增强社区治理聚合力

社区公共精神的培育既依靠居民的自觉行为,也需要政府部门、社会组织等的积极引导。一是宣传"好党员"模范。既要推进社区党员队伍"先锋指数"考评建设,通过"正向激励+反向警示"双轮驱动,塑造、挖掘和宣扬雷锋式好党员,让红色基因深度嵌入社区治理共同体建设。二是树立"社区力量"典型。寻找社区日常中的榜样和典型,多宣传平民英雄事迹,大力宣讲社区"小事",让好人好事传遍社区,激发居民荣誉感。三是表彰"有为居民"。弘扬真善美,开展年底评选活动,对"慈祥老人、贤惠媳妇、有为青年、快乐少年"等进行评比表彰,激发社区居民向上向善的力量,有效汇聚磅礴的共治力量,合力画好共建共治共享的社区治理同心圆。

4. 推动多元举措,提升居民获得感幸福感

文化阵地要"活起来",就必须成为老百姓常去之处。一方面,文化阵地要多提供一些与群众生产生活相结合的服务,多开展一些群众喜闻乐见的宣传教育活动,鼓励群众多开展"我们的村歌""我们的村晚"等活动,满足人民群众的精神文化需求。另一方面,要有以民为中心的服务理念,突出群众主体性,让群众主动参与进来。Y社区文化家园近几年每年都会安排新春祈福礼、端午传承礼、重阳敬老礼、新兵壮行礼和中式婚礼等传统民俗文化、礼仪类活动,真正把文化阵地的作用发挥出来。此外,Y社区把基

层宣传文化与党员教育、科学普及、体育健身等设施整合起来，综合提供各类公共服务，聚拢人气、方便群众，营造属于 Y 社区居民的家园归属感。2022 年 Y 社区在新的"领导班子"带领下，正围绕"一村一精品、一村一示范"目标，开展精品村创建行动。在这方面，Y 社区的股份经济合作社董事长已做了充分的谋划，他表示：

> "我们正着力打造五大工程，即助老助学助医助乐助业等几个方面。首先，我们这最开心的是老年人，医保劳保都有，每个月 1000 多、2000 多，用不完的啦。我们还给他们过过生日呀，搞搞重阳节活动呀，所以他们觉得很幸福。其次是小孩子。现在小孩子独生子女，自己的亲戚都不认识了，原来是熟人社会，现在变成陌生人社会，我们原来方圆 5 公里，都是认识的，这个优良传统没有了。所以我们要从孩子开始抓起，从上幼儿园就开始关心，上小学送书包，有'入学典礼''学前典礼'，每年暑假办活动。成绩好的，三好学生、考上重点高中、考上重点大学的都有奖励。再就是中间的创业群体，我们要引领一批，树立一些标杆，同时让他们出去多看看多学学。最后是助医助乐。因为我们这个村，企退人员有 600 多人，80 多岁以上的有 80 多人，残疾人占整个街道的一半，量很大，针对这批人，我们经常主动上门服务，来重建我们的共同体。"

加强社区治理共同体是基层治理现代化的重要内容，也是应对基层治理短板和社会风险的有效方式。从社区为居民提供的这些便捷的服务以及齐心协力防控疫情的结果看，Y 社区就像一个小社会，在这个小社会里，人们可以不为生计、生活、养老等事情烦恼,人们可以幸福的生活、安心地过日子。生活在这里,真的很幸福。

　　Y 社区作为浙江省 G 区城郊接合部的"村改居",其历史由来已久。改居前,Y 村具有深厚的文化资本,拥有众多历史遗址,民风淳厚。同时,利用其优越的土地资源,Y 村大力发展茶叶种植,家家户户种茶产茶,带动了村子的经济发展。随着 G 区的经济发展和城镇化推进,Y 村步入到城市化轨道上,土地被征收,集体资产改制,成立股份合作经济社。于 2004 年撤村建居,Y 村由农村社区转变为城市社区,村民户口性质由农村户口转变为非农户口。

　　处于城郊接合部的 Y 社区,其社会发展形态既不是城市,又迥异于乡村,在自然、文化、社会和行政边界的形成、改变与坚守的发展过程中,既呈现了城—乡互动的一面,也体现了国家、市场与社会等不同利益主体间的互动,带有国家与社会"村改居"后,Y 社区存在的问题表现为承"村"而来的历史挑战、因"居"而聚的治理挑战以及因"改"而生的并轨挑战三个方面。其中承"村"而来的历史挑战主要指改居前已发生或正在发展的问题矛盾在改居后仍然保留,体现在违建现象滋生、集体资产管理不当、领导班子公信力弱以及股份经济合作社发展待完善等方面。因"居"而聚的挑战主要指改居后出现的一些治理问题,体现在居民身份转变、文化传承、公共产品服务供给以及不动产权登记等方面;因"改"而生的挑战主要涉及"村改居"中自然、文化、社会和行政边界的改变所带来的融合问题。

　　城郊接合部的"村改居"不仅仅是一种村委会的牌子换成居委会的牌子这么简单的行政组织变更的政治形式化,它所面临的是各种复杂敏感的城乡社会矛盾和挑战。面对"村改居"后一系列的挑战，Y社区在转换链接城乡管理体制以及平衡协调城乡利益关系的基础上，通过有序推进落实设施建设，联动多元主体力量共建共享，运用数字等技术化手段以智促治，挖掘开发社区文化资本打造社区精神文化共同体等多种治理途径，进一步解决了"村改居"社区难题，带动社区发展真正步入正轨。Y社区的治理实践加深了城乡要素融合程度，疏通了双向流通，统筹了城乡经济、文化、生态等要素的发展，有效实现城乡产业联结与共同利益机制完善，在促进城乡融合的同时实现以人为核心的新型城镇化。

第二章 城中村"村改居"社区的
挑战与突围

—— 以浙江省 S 社区为例

城中村是我国城市化进程中非常独特的社会景观，与城市发展共存共荣。城中村"村改居"既包括对"城中村"进行改造的"撤村建居"，也包括城市化推进过程中"村改居"后的社区，逐步演化为的"城中村"，这里是指后者。20 世纪 90 年代，随着"保老城、建新城"和"增减挂钩"政策的推进，浙江省城郊许多村庄走上了从乡村向城区、从农民向市民转型的历程，位于北部发达城市周边的 S 村就是其中一个。这是社会经济结构、人口、生活特征由乡村向城市全方位转变的过程，呈现出空间聚集、关系的复杂性和发展的不确定性，现代文明与传统落后、发展与曲折等交织样态，以及国家—市场—社会、城市—乡村、现代—传统等不同要素的交织叠加。城中村自诞生之日起就饱受污名，"藏污纳垢"是人们对城中村的整体印象。在这里，城与乡、农与商、传统与现代相互杂糅、此消彼长，城乡的产业结构、文化心理、行为模式全面碰撞，成为新时期考验基层治理能力的重要命题。

第一节 城中村"村改居"的缘起

在浙江省北部发达城市周边,有座古老的城郊村庄——S村。这里曾经是大自然一部分,人们日出而作,日落而歇。直到20世纪50年代,S村一带村民仍从事农耕生产。伴随经济发展和城市化推进而开展的征地拆迁,使地处城郊边缘的S村跻入大城市怀抱,成为城市社区。从乡土村落转型为城市社区,S社区的形成与发展是发达城市西进的一个缩影。作为发达城市农村城市化的第一批先行者,S村正演绎着村落变迁的自然与人为的双重过程,也为我们提供了许多村落与村民在城市化进程中真实的生活场景和变迁历史。

一、历史和地理位置

1. 历史悠久

S村是座古老悠久的江南水乡村落,历史源远流长。公元前222年秦王政二十五年,秦灭楚,此地属西县辖区。北宋时,见《元丰九域志》记载,西县分13乡、隶62里,国泰南乡与国泰北乡隶属于西县。明万历时,西县城区11坊,辖18里,其中国泰乡为7里。虽然风景优美,但多是浅水湾和芦花荡,可耕种的土地和可供开发的其他资源并不多,无法承载更多人的生活。在明清时期,据万历《西县志》记载,当时整个西塘一带,居住的人并不多,也就是"居民百数家"。随着水域的进一步减少,一些浅水湾、芦花荡变为平陆,人口逐渐增多。

　　S村历史上的行政归属经过多次变更。1946年调整乡镇建制,国泰乡列在其中,隶属吴越县。1949年5月吴越市解放,国泰乡经历了数次调整,归属白荡区;第二年,重新调整,国泰乡划归仓后区。1956年,撤区并乡,将123个小乡合并为32个大乡,其中S村乡、国泰乡、虎章乡、东溪乡合并为东溪乡。1958年10月,建立"政社合一"的人民公社,撤销乡的建制,其中仓后公社设S村、五来、仓后、白荡、曲桥、东溪、闲木和文桥8个管理区。1961年3月,原Y县境域从L县划出,归南湖联社;南湖联社划出上泗公社全部,仓后公社大部归属古苑区。4月,南湖联社改建为Y县,设临水、糖西、白荡、石窑和Y县等5个区;白荡区调整为白荡镇和西行、勾塘、双桥、九渚、大路、安溪、五来和S村8个公社。此外,还有马家湾、金家湾会和柴家门等少量村民居住的区域,也归并到这8个公社中。到1987年末,Y县行政区划内共有1个县直属镇、5个区、18个镇、34个乡、68个居民区、575个行政村和4751个村民小组,S村也在其中。

2. 地理位置优越

　　S村地处吴越市和Y县的边缘地带,距离吴越市最西边的城门——西门约六公里,南距宋亭山、老口山不到一公里,处在西塘湿地水网平原的核心区域。尽管从唐宋以来,西塘湿地的含义不一,且屡有变迁,但古时的西塘湿地,是历史上的风景名胜区,范围很大,其所覆盖范围大致可以确定,即西塘河流经的区域。这里的村民因地制宜,既从事农耕生产,种植粮食蔬菜,也利用鱼塘水荡养鱼,并利用水塘间隙地栽桑种竹,其物产主要有水稻、小麦、大麦、油菜、蚕豆、竹笋、柿子、菱角、鱼和蚕豆等。众多的河汊使此地没有大道可走,对外联系只能依靠水路。

为适应人工劳作的生产方式和水网地带的自然环境,S村过去有许多在其他地区并不常见的农具,如菱桶、耥耙、笋枪和叉斗等,反映了江南水乡的地方特色和农耕时代的时代特征。柿子是S村最重要的水果,卖柿子的收入是旧时S村村民的主要收入来源之一。"乡土社会是一个生活很安定的社会。"[①]由于土地贫瘠,一直到20世纪50年代,S村这一带的村民所从事的生产生活仍然没有多大变化。改革开放以后,S村实行了农业联产承包责任制,生活逐渐富裕。80年代,随着生产的发展,开始铺设机耕路,使S村与外界的联系有了陆路,主要供自行车和三轮车通行,大的机动车尚不能通行。

二、乡土传统与文化习俗

一个村落现实的生活状态和道路选择,是基于其古老时光凝聚而成的村落历史传统。但是,S村不只是一个物理空间,它还是一个社会生态系统,它有"灵魂"和"命脉"。农耕时代,S村人岁月劳作,能够用于休闲娱乐的时间不多,但是无论是人与自然在日常劳动中的灵性关照,还是人与人之间恪守的伦理道德都蕴含浓厚的乡土社会特色。端午龙舟、崇佛敬佛、民间戏曲、重阳敬老等习俗和娱乐活动是传统乡村社会的重要乡土传统。

---

① 费孝通:《乡土中国》,北京出版集团公司、北京出版社2011年版,第25页。

1. 亲缘为纽带的差序结构

中国乡土社会是一个熟人社会,"每个人都是他社会影响所推出去的圈子的中心。被圈子的波纹所推及的就发生联系"①。以前衡量人的"现代性"有很多指标,其中人的"生活半径"就是一个十分有意思的指标。人们普遍认为生活半径大的人,现代化程度高;相反,生活半径小的人,乡土程度就高些。"乡土社会的生活是富于地方性的。地方性是指他们活动范围有地域上的限制。"②相邻而居的,大多是自己的本家和本姓的人。村民之间虽有矛盾和冲突,但是长幼有序、亲疏有别。

在古时S村,最基本、最重要的社会圈子便是由亲属构成的亲缘关系。在由血缘和婚姻联结起来的亲属关系网络中,家庭是这个网络的基本单位。在此网络中,每一个体从出生、成年、嫁娶到最后离世,每个环节都维系着所有家庭成员的欢乐、希望和哀伤,维系着每个亲属的情感纽带。每个家族成员都必须从小开始学习其家族在长期的活动中形成的整套礼俗规范,使其渗入家族共同体的生活。③"维持礼俗的力量不在身外的权力,而是在身内的良心。"④千年来,S村人忠实地履行着这些传统的仪式,使亲族的情感纽带不断得以加强。红白喜事不仅是家族的大事,也是村里的大事,村民一般都会大张旗鼓地操办,村民也都会请村干部赴宴。干部赴宴,是给这个村民面子,尤其是逢年过节,村干部受请特别多。

---

① 费孝通:《乡土中国》,北京出版集团公司、北京出版社 2011 年版,第 34 页。
② 费孝通:《乡土中国》,北京出版集团公司、北京出版社 2011 年版,第 7 页。
③ 王沪宁:《当代中国村落家族文化——对中国社会现代化的一项探索》,上海人民出版社 1991 年版,第 25 页。
④ 费孝通:《乡土中国》,北京出版集团公司、北京出版社 2011 年版,第 81 页。

2. 民俗活动

在繁忙的农事之余，S村村民也举行各式各样、具有浓浓乡土性的民俗活动。"文化这东西，看似高深奥妙，其实多半是从'土'里长出来的，其本质是一种族群的生存哲学。"[1]S村地处西塘湿地，河港甚多，每到夏天，往往遭到洪水侵袭。旧时S村人每年这个时候都会举行请龙王、划龙船和吃龙酒的龙舟盛会，人山人海，一片繁华景象，甚至比春节还要热闹。"五月五是端午，门插艾，香满堂，吃粽子，撒白糖，龙舟下水喜洋洋"描写的就是端午节的欢乐景象。以下是调研人员与S村霍姓村民的对话：

调研员：龙舟盛会每年都有吗？

霍：每年都要搞的，即使今年淹死人，明年还继续。

调研员：你们有指定的地方吗？

霍：包括浅潭口、溪涧村那边，他们都有自己的一个区域专门划龙舟的，包括白荡山坝那边，那里有条小河，也一样的，他们两三条龙舟，也在那里，哐起哐起。

调研员：那一般这个龙舟是比速度吗？

霍：不是比速度的。

调研员：就是玩？

霍：不是，就是比上下。龙的下巴是可以动的，可以钻到水里再冒出来。那是技术不是速度。船头插到水里，再翘起来。他们就是这样划，不比速度的。

调研员：外地人可以参与赛龙舟吗？

---

① 李培林：《村落的终结——羊城的故事》，中国社会科学出版社2014年版，第15页。

霍:本地人都不一定能碰(龙舟),尤其是女的。不管平时,还是端午节,摆在那的,像溪边街那样搭在那边拍照什么的。如是真龙舟是不会让人碰的。那年我们划龙舟的时候,有个外地人过去碰了一下,他说没碰到。本村人很在意,说你必须买串鞭炮放了,把这晦气冲冲。望新公寓那边上的小区,有个女的是外地嫁过来的,她不懂,摸了几下好像赔了几万块。

调研员:这还挺严格的。

霍:这个民俗还是要尊重的。

除了传承已久的端午节划龙舟活动,S村的民俗活动还很多。一位沈姓年长者回忆道:

"我们到了立夏,就组织到野外做立夏饭,吃好了立夏饭的,小孩子就称重,看一年长了多少。此外,我们这里不过中秋节,过七月三十的,七月三十晚上都要家家户户点蜡烛,点灯。"

三、土地征用与农耕生活的消失

如同千万个中国村庄一样,S村经历了1978年后的"去公社化"、20世纪80年代的村办企业、1992年开始的征地、1996年的行政规划调整、1999年的撤村建居以及2002年成立的股份经济合作社等影响共同体命运的重要事件,S村不断地被城市的经济、社会、文化和环境冲击形塑。

1.村落经济共同体瓦解

古时S村地少塘多,河港纵横交错,全村各户占有的生产资料主要是土地和鱼塘。全村耕地面积 1000 亩左右，人口 1300 多人，普通农户一般有耕地 2 亩多。20 世纪 50 年代初，农作物与生产方式均保持着传统的耕作方式，生产方式落后，农作物的产量较低，农民一年的辛苦劳作，基本维持在温饱状态，每个人的生活水平相差不大。党的十一届三中全会后，广大农村普遍推行了家庭联产承包责任制，鱼塘、山地和田地等开始按照人口数确定主要农产品的政府收购量，由农民自主生产，同时也允许农民从事家庭创业，发展农村多种经营。农民的生产积极性得到充分的调动，农业生产效率也大幅度地提高。

20 世纪 90 年代以来，随着"保老城、建新城"的推进，城郊许多村开始从乡村向城区转型。位于吴越市城西的 S 村，就是其中之一。1992 年，Y 县水泥厂欲与 S 村村委会以较优惠的价格商谈征地 20 亩。由于土地性质的问题，中间几经周折。1992 年下半年，Y 县人民政府对 S 村所辖范围的全部集体土地（初预留的宅基地 268 亩外）实行"四统一式征用"（统一规划、统一征地、统一开发、统一管理），所征土地，绝大部分用于房地产的开发。为此，S 村村民获得了 22000 元/亩的土地征用费（包括劳力安置费 8000元）。失去了赖以生存的土地，S 村急速而被动地从农村经济融入都市经济。[①] 1993 年开始，推土机、挖掘机等大型机械开进 S 村。土地被征用后，村民被安置到两个新的居住区块，即 S 村东园和 S村西园。在新的区域内，每户居民将拥有一栋 300 平方米左右的三层半小楼。地基政府造好，房子需要自己建造。但与此同时，由于 S 村的农民文化程度不高，农业以外的劳动技能也较缺乏，安置

---

① 详见《关于 Y 县预征土地的批复》和《致 W 市长和有关领导的一封公开信》1998 年 4 月 8 日。

单位基本无法解决他们的就业问题,原计划三年内按 30∶30∶40 比例完成的劳动力安置工作未能如愿开展。这给后续 S 社区治理带来较大的挑战。

2. 区划调整:农民权益需保障

1995 年 7 月 24 日,吴越市人民政府决定,把 S 村从 Y 市白荡经济开发区划入吴越市古苑区。由于行政区划的调整,才刚刚启动不久的土地预征就成了"历史遗留"问题。行政区划的调整使农民的权益保障更加艰难。例如,征地后的 S 村住宅用地、工业用地和安乐园用地虽然按照协议得到了保留,但是受到行政区域调整的影响,留用地指标核发和办证的政策都有了明显的变化。加上 S 村商业用地和工业用地的保留比例低于周边其他被征地的村落,S 村集体经济发展受到了很大的限制。

第二节　城中村"村改居"社区的融合挑战

过去的 S 村已成村史和村民记忆,但 S 村的过去依然隐现于当下;现在的 S 村趋向现代社区,但 S 村的现在依旧受到村落传统和当下城市文明两者力量的塑造。S 社区治理实践中,不但城乡力量的代表呈现多元化和运作交织之态,也呈现出两种完全不同的社区面貌——非城非乡和亦城亦乡①。与此同时,S 村由"村改

---

① 在某种程度上,"村改居"社区成为"城乡一体化"的另类阐释。这种集约化或独特方式的城乡一体化,不仅带来特有的社区景观和治理问题,也给治理"村改居"社区带来了新的契机和独特的资源。

居"的过程和治理实践都带来了很多问题。这些问题与承"村"而来的遗留问题、因"居"而成的现实问题，构成了 S 村互相渗透、彼此影响的社区融合挑战。

一、"改居"前的遗留问题

1. 有事找村里

S 村作为典型的"村改居"社区，其中一个重要的特征就是基层社会管理机构由过去的村民委员会变为居民委员会。虽然村民委员会与居民委员会都为国家认可的自治机制和自治组织，但是两者在管理范围、管理内容以及资金来源和组织架构等方面都存在重大差别。从已有研究和 S 村调研发现，几乎所有的"村改居"社区都实现了形式上的居委会组织建设。然而，另一个事实是，村委会依然在短时期内以隐性方式存在，村民自治依然是社区形塑的隐性力量，成为 S 村管理转变的阻隔和社区治理的负担。

S 村自 1999 年之后，村委会就被居委会所替代，村庄整体也从西塘湿地的核心区域搬迁至现在所在地。除了居住地、居住条件以及社区居住人员复杂之外，S 村几乎保持了原先村落的完整性，包括村庄人口、家庭模式以及邻里关系、集体组织制度等。在这种情况下，S 村在治理体制、治理组织的转变①与村民治理理念、组织认同上产生了脱节。村民自治的实现条件并未发生根本性变化，在"路径依赖"的制度性机制作用下，即使"村改居"及其外部环境发生较大变化，村民自治仍具有较强的生命力。在"村改居"

---

① 高灵芝、胡旭昌：《城市边缘地带"村改居"后的"村民自治"研究——基于济南市的调查》，《重庆社会科学》2005 年第 9 期。

后的较长时期内村民自治依然有其存在的必要性和合理性。因此，"有事情找村里，找村委会"不仅是延续的话语和习惯，更是现实所需，村委会依然在 S 村人的生活中占据重要位置。就像 S 村原村主任 J 所言：虽说现在是社区管理了，但是原来村的人还是认村委会，有事情就找村委会。孙董事长说：

> "有段时间，我这里每天都像医生看病一样，有什么问题，我先记下来，改天再回复。多的时候四五十个，少的时候十多个，五六个。来找你的，不理他们，他们还要发火，很难。"

更为重要的是，村委会作为一种隐性的社区形塑力，对社区建设、社区治理和居民问题解决等都具有不可或缺的作用。按照相关制度规定，S 村"村改居"后，社区管理与维护、公共服务支出等公共资源，原则上应该来自社区和街道政府，但是实际的状况是，连 S 村公共服务站工作人员的工资都需要 S 村股份经济合作社来支付，更别说社区内 S 村村民的公共事务了。由此导致的一个状况是：S 村实际处于"类单位制"或"集体自治"状态。这种带有"包干"性质的类单位化社区，并没有伴随"村改居"进程、社区管理体制的建立以及社区工作站的建立而弱化。

S 村的村委会隐性治理和村集体吸纳能力的增强，在一定程度上增加了 S 村村民的社区凝聚力、公共服务资源供给和治理社区问题的能力，但同时也给社区管理体制转型、社区公共服务的社区化等带来了消极影响。

S 村的发展史与村庄社区内的治理组织和管理机构的变化密不可分，即 S 社区内的管理机构从改革前的"政企不分"、改革后的国家代表和基层政府接管再到现在的"新政社不分"。S 社区这种"新传统主义"或"新政社不分"的状态,既是各种社区内管理机构职能不分、分而不从的结果,也是当下各种社区行动主体的一种妥协。S 社区内部的居委会、社区工作站和股份经济合作社作为社区治理的"三驾马车",分别对应社区居民问题、上级政府行政事务和 S 村经济发展问题。这种政治、社会与经济三权分立的格局,带来了两种不可调和的后果。

一是 S 社区原居民无论什么事情都会找村里(社区),找村委会代表——过去的村主任、现在的董事长,而搁置了社区居委会的作用和意义。股份经济合作社更是成为村委会的替代和新象征,在某种程度上,村委会"隐身和变形"①于 S 村的股份公司。股份经济合作社的经济功能彰显、股份制的实施以及村委会职能的遗留,都给 S 村股份经济合作社带来了一种"大包干"的可能。这种现象在增加股份经济合作社董事长权威、维系 S 村凝聚力的同时,也给股份经济合作社带来了很大的经济、人力与精力等成本与负担。S 社区孙书记多次表示:

> "我们这些原来叫村民,现在叫居民也好,股民也好,他们是认我们的,不认他们社区的。你们是村里领导,我要找你。反正吃喝拉撒等这些东西,都是我们管。盖个章找你。一年两次清明、冬至,上坟去,我这个车辆要在大门口等着,几点几十分一趟车。一直到现在都是我们承包的,是集体统包的。我们这个理念跟其他小区这个理念不一样。"

S 社区原居民"有事找村里",不仅有先前的村委会作为组织基础和行为惯性的社会基础,而且也是因为股份经济合作社的集

---

① 吴莹:《村委会"变形记":农村回迁社区的基层组织建设研究》,《社会发展研究》2014年第 3 期。

体所有和股份制管理的集体资产的经济基础。

二是 S 社区原居民"偏爱"村委会或者股份经济合作社的村民情节,在某种程度上与生活所需资源提供的主体相关。于是"有事情找村里"就会全面地替代"有事情找社区"的行动逻辑。这种社区行动逻辑的延续,对 S 社区来说,会导致两种影响:一是社区居委会(社区工作站)越来越专注于办理外来移民的户口、暂住证、计划生育等事务,而对原居民的事务缺乏有力的介入机会;二是无形当中就会带来另一个不可避免的后果,外来移民与原居民的整合问题。于是,如何实现村委会向居委会的良好过渡(社区组织的重构)以及达成二者的融合,是必须面对的社区问题。

2. 土地征用与集体资产

现在的 S 社区留下了很多解决不彻底或者无法解决的社区问题:征地遗留问题、集体资产去向与居民"户口—红利"分配等方面。

(1)关于土地征用

从土地生粮,到土可生财、地能出金,从用土地谋生存到利用土地谋生活的土地利用方式变化,是 S 社区居民生产和生活方式的剧变。不少先富的居民购买了小汽车,居民的出行工具与原来的船只、自行车和三轮车相比,有了翻天覆地的改变。

1999 年撤村并居之前,S 村土地征用就已经开始并基本完成。与此同时,按照征地协议约定:不仅给予每亩一次性补偿 2.2 万元(包括劳动力安置费),也给予了安置政策,如农转非、招工、预留开发性用地等。这份土地有偿征用协议,不但明确了 S 村与 Y 县(后为古苑区)城乡关系的如何重构,也从补偿、安置和招工等社会保障和安全网对村民的未来给予了全方位的托底和相关市民待遇。土地征用按部就班地开展和完成。S村土地征用的完成不等于土地征用问题的解决，到目前为止，依然留存以下问题：

一是留用开发地方面。S村10%的留用开发性用地没有真正得到落实。原规定有300多亩开发用地，到最后只剩下约100亩（10亩商业用地，10亩学校用地，10亩墓地和70亩工业用地）。S村集体预留开发用地大大缩水，对S村集体经济发展和集体资产产生了直接的消极影响，使其与周边其他"村改居"社区的对比中落后了。

二是劳动力安置方面。理论上，撤村建居后原村民就应该享受"同城待遇"，但是S社区居民的劳动就业一直未得到妥善安置，绝大多数居民靠房屋出租维持生活。S社区居民养老保险也迟迟未得到解决。

三是农居点住宅房产证方面。S村500多户居民拆迁后集中居住在一起，原属于集体土地，村民都办理了集体土地使用证（宅基地）。但是很多村民认为，撤村改居后农居点已被纳入城市管理体系，应当参照城市居民住宅为农居点内房屋办理相关产权所有凭证，以保障相应权利。

四是居住环境方面。由于S村安置点当时隶属Y县管理，未列入吴越市政规划建设，所以当时设计建造的房子均未有市政配套的建设理念，房屋、用水、消防安全存在不少隐患。随着经济社会的快速发展，在以多层、小高层为主体的周边商住区的围绕下，楼间距窄、容积率低、缺少绿化的S村居住区，与周边的整体区域规划存在明显的冲突，也稍显局促。

（2）关于村集体资产

"村改居"后的集体资产去向也是村集体问题的爆发口和居民最为关心的问题之一。有两方面需要特别引起关注：一是集体资产的去向。S村早期隶属Y县，后来行政区域几经调整后划给了吴越市古苑区。在这种行政归属变动的过程中，S村被征用的土地等级和价格也逐步上涨，多出来的那一部分差价最后没有回到S村。二是集体资产的收益与分配。S村人更为关心的是现有的村集体资产有哪些？怎么利用？能够分多少红？

按照既有的"村社—街道"治理规则和S村股份经济合作社的协议、股东大会章程等行动依据，S村股份合作公司有权经营和处置集体资产权，股东大会有权对其进行监督。S村的领导在与笔者进行交谈的时候，多次强调，现在S村村民对领导班子很有意见，集体经济不行，没有钱，比起别的村差远了。在S村这种"村改居"社区，似乎又重新回归到了一种"经济基础决定上层建筑"的定律。市场经济和商品化逻辑、经济理性深深地渗透到S村的社会结构之中。村集体内部的社区认同不仅需要经济地位的个人化努力，更是一种集体经济发展的后果。因此，S村管理组织与以前或者其他非"村改居"村落相比，就多出了集体经济状况或领导致富能力的要求。

3. 传统与现代交织

"村改居"不是一种渐进式的城市化方式。在中国式城市化进程中，"村改居"社区被"断崖"式地打断了逐渐城市化的可能。"村改居"社区及其原居民不得不直面城市化的各种元素，包括身份、制度、组织和保障等，不但基层没有做好实现社区服务与治理社区的准备,村民自身也在面对城市化生活方式之外,依然保留传统的村落记忆和生活痕迹,农村社区与城市社区特点兼具的城乡二元性特别明显。

(1)居民生活的城乡交叉

在"村改居"政策的推动下,原来村庄居民身份由村民过渡到市民,虽然居住空间逐渐嵌入城市范畴,其物质生活水平也得到迅速提高,但是在生活选择、行为理念和思想意识等方面,仍保留着传统村落社会文化的痕迹。"村改居"社区的物理空间的限制与生活空间的区隔,导致社区居民的人际互动带有一定程度的内部化和圈子文化,具有很强的传统力量和熟人社会性质,在一定程度上村落传统文化向城市文化过渡。跟其他研究者的发现一样,现实中的 S 社区,许多新居民虽然已经住进了新房、身处新环境但他们仍沿袭着旧文化、旧行为方式。他们对自己原有生活的各种元素,包括作息时间、活动空间、人际交往等,都还保持一种熟悉和亲切感,所形成的生活惯性和思维惯性,给他们带来了舒适和散漫的自由。

(2)社区管理的城乡二元

"村改居"之后,S 村在社区组织结构、管理样态和管理理念上,都是以城市社区为参照体系和蓝本的,但是村落社区管理路径仍带有强烈的路径依赖和塑造力量。"村改居"社区短期内无法顺利实现治理结构的彻底转型,即"从传统村庄治理结构转型为现代社区治理结构"[①]。无论是工作人员及其选拔机制,还是工作方式与方法,S 社区管理仍旧在城市管理制度下实践着原来村落

---

① 叶继红:《农民集中居住与移民文化适应——基于江苏农民集中居住区的调查》,社会科学文献出版社 2013 年版,第 39—40 页。

管理路径。譬如,村庄内部,仍然保留村民小组的组织方式和动员手段。

二、"改居"后的社区问题

从农村社区向城市社区转型,意味着社区的户口属性、政治组织、土地权属和集体经济权属等都发生了急剧化变革。"村改居"不但彻底改变了 S 村的容貌,而且也面临人口、身份、政治、经济等方面的变化,其复杂性给社区治理能力带来极大挑战。

1. 社区组织:权责关系不匹配

(1)社区治理体制转换的不适应

S 村"村改居"之后,其组织体系有特殊之处。社区治理在组织架构方面,如社区党组织、居委会、社区服务中心等与集体经济管理组织之间的关系和职能错位影响着社区各组织的有效运转。例如"三套班子、一套人马"的格局造成相互间权责关系错位。[①]

一是居委会自治地位虚化。从国家—农民关系视角看,"撤村并居"变化的不仅仅是农民的居住格局和村庄的空间形态,更多的是国家—农民关系变迁,即从传统国家—农民关系向现代国家—市民关系的变迁。[②] 但实践中的村委会在"村改居"后仍然扮演着国家、农民双重代理人角色,同时由于土地集体所有制及村庄集体资产运营的需要,村民委员会及村民自治的社会基础仍然普遍存在。例如 S 社区的居委会对村民从生老病死到出嫁、升学、节

---

① 陈国良:《市场经济条件下农村集体经济的实现形式》,《福建论坛(经济社会版)》2000年第 6 期。

② 王道勇:《国家与农民关系的现代性变迁——以失地农民为例》,中国人民大学出版社2008 年版,第 210—215 页。

日庆典等日常生活事件的干预和责任承担,在某种程度上造成了村民对居委会的人身依附,而失去了《居民委员会组织法》里规定的功能和意义。

二是社区工作站的配置方面。S社区的社区工作站人员是由上级政府委派,他们仅仅负责基层街道的行政工作,如办理计划生育、办理暂住证、办理低保等,对社区卫生、居民纠纷等不感兴趣或无能为力,导致一种组织"悬浮"[①],难以扎根地方社区,而且S社区居民对其也失去信任。

三是居委会和集体经济的组织关系。社区管理服务与社区经济发展的关系是S社区组织面临的重要问题。二者的分离和分权,在提高社区自治能力和集体经济发展的同时,也给社区工作效率、社区矛盾与组织冲突带来了消极影响。

（2）基层服务型党组织建设薄弱

由于"村改居"社区正处于转型之中,各项工作都异常复杂艰巨,社区党组织的自身建设跟不上形势发展的需求,对党员的教育和管理也力不从心。更重要的是,"村改居"后的社区党建与农村党建在工作重点上有着很大的不同。随着以农民变市民为重要特征的"村改居"的推进,村民期待的最大实惠就是市民待遇和享受城市生活。他们盼望社区服务在服务方式、服务内容、服务渠道以及服务能力等方面有较大的改进与完善,对社区党组织也寄予厚望。这就要求"村改居"后的社区党组织尽快搭建服务群众的工作平台和工作体系,加强服务型基层党组织建设刻不容缓。

---

① 周飞舟:《从汲取型政权到"悬浮型"政权——税费改革对国家与农民关系之影响》,《社会学研究》2006年第3期。

（3）社区干部素质待提升

"上面千条线，下面一根针"，社区干部是社区工作的主要推动者和实施者。"村改居"后的大部分社区干部队伍的构成来自原"村两委"班子成员。他们在年龄结构、文化水平、观念素质和服务协调能力等方面和现代城市社区的要求仍存在明显差距，主要表现在社会工作、社区工作专业技能缺失，学习能力较低，缺乏社区管理经验[①]；对城市社区职责与功能的认识普遍比较模糊，处理问题的思维与方法大多停留在原村委会模式的层面上，创新能力不强。与其他新完成"村改居"社区类同，S社区管理者也没有经过专业的培训，法制观念淡薄、服务意识和管理积极性普遍不高，其思维方式、服务观念、处理问题的方式方法一时难以适应城市社区建设的创新和发展要求。

2. 社区经济：从集体所有到市场化运作

"村改居"后，农村原有的集体资产如何处置以及如何保持集体经济的增值，是一个最为重要和被"村改居"的居民所关心的话题。在S社区，村集体的资产不但延续了传统上集体所有（人人共有）的产权属性，还采纳了股份公司的现代市场化经营方式。股份均分赋予了S村村民收益红利的经济基础，也给他们带来更多的事务参与责任。股份公司制度若要在市场化规则下运转，就要求建立一种更为有效和专业化的经理人制度来运作公司资产，但是集体资产的集体所有却又把居委会（村委会）作为S村村民信任的组织，承担起集体资产的运作和管理的职能。因此，集体资

[①]　梁慧、王琳:《"村改居"社区居委会管理中的问题及对策分析》，《理论月刊》2008年第11期。

产归谁所有的产权问题、如何经营问题以及村民参与监督问题，成为制约 S 社区如何实现其集体资产"从集体所有到市场化运作"的关键。

（1）集体经济的产权归属

"村改居"是对村民集体经济和居民利益的再分配，必然会触及村民的核心经济利益。在"村改居"社区资产固化和分配方式制度化①的前提下，如何分到更多的股份和更多的红利成为 S 村村民最为关心的议题。

跟我国其他"村改居"社区一样，S 社区也采取股份经济合作制的方式处理集体资产。集体经济从村集体经济转变为股民享有的股份经济合作社，采取股份量化和固化的设计来达成集体资产的集体所有和现代企业化经营目的。虽然 S 村在 2005 年进行股份量化时，对集体资产进行了清算，登记造册的资产有 3000 多万元。但是 S 村的股权固化和量化的实际操作却困难重重，集体资产难以有效量化和量化不准，引发了村民非议和村民与村集体之间的矛盾。一方面，作为"村改居"社区的 S 村，农村集体资产主要是物业房产、厂房、机器等固定资产组成，且多属城郊、城乡接合部的"非法建筑"或"灰色建筑"。要么名义上集体所有、实为个人所有，要么缺乏国家认同的经营许可。这些物业资产一般很难转让或转化为现金形态的资产，因此难以进行清产核算。另一方面，集体资产私人化以及一些资产的隐性转移等，都给 S 村集体资产的量化和股份化带来问题。

---

① 详见 S 村《关于股份制改造的目的和意义的情况说明》《S 村股份经济合作社产权登记报告书》《S 村股份经济合作社股份制量化提纲》等文件，保存在 S 社区的股份经济合作社资料室，1999 年 12 月 1 日。

另外,S村的股份测量和细化,仍面临股东身份难以明确界定的挑战。S村股份分配虽然有明确细则,但是社区内原居民的自然流动和社会迁徙,加上近年来出现的城市户口回迁以及农嫁非、非嫁农和农嫁农等情况不断出现,使有权参与股份分红的成员主体难以界定。

（2）集体经济的组织经营

"村改居"后,农村集体资产一般都是通过股份经济合作制改革来处置的,这种经济合作制的发展方向是成为专业的市场主体,参与市场竞争,依然担负着"发展经济、股份分红和提供农村公共产品三大职能"[1]。但是,经过一段时间的改革和运行后,这种股份经济合作制模式暴露了不少问题。

跟许多"村改居"社区一样,改制后的S社区,集体经济转变为市场化运作方式,在一定程度上缓解了发展瓶颈。如股份经济合作社管理机制不健全,股份经济合作社内民主管理、民主决策、民主监督及配置制度还需要进一步健全等。S村的民主监事会名义上是民主选举而成的,对董事会负有监督和管理的权力,但是实际上监事会成员都是村里的老人、跟合作社负责人关系好,其代表性有折扣。很大一部分的股份经济合作社社员主动参与管理的意识不强,影响了社员有效行使其民主权利。S村股份有限公司虽然实现了形式上的公司制度,但还未真正形成一套符合实际情况的常态化的运作机制、约束机制和保值机制,股份公司的封闭性和排外性等,都抑制了股份合作制经济的发展活力。

---

[1]　邓伟根、向德平:《捍卫基层南海"政经分离"体制下的村居自治》,华中科技大学出版社2012年版,第59页。

3. 社区福利：公共服务体系欠完善

从全国各地的"村改居"实际运行情况来看，社区福利和公共服务的水平不仅跟当地经济水平、基层政府的政策实践力度相关，还跟社区集体经济发展水平关系密切。S 社区也不例外。

（1）社区公共服务的失衡

旧时的 S 村虽然处于西塘风景区，也有一些移民或文人雅士来隐居，但总的来说，属于荒僻的乡村。[①] 村民常年赤脚在水里劳作，加上没有掘井的习惯，村民的饮用水都直接取自河塘，经常患血吸虫病、痢疾、血蝗虫病等。20 世纪 80 年代，S 村一带的村民的饮用水和生活用水，还是全部取自村里的小河，村民生病后获得的医疗照顾微乎其微。而"村改居"后的 S 社区，一方面，社区公共服务覆盖面扩大，所有居住在 S 社区的人口被涵盖其中；另一方面，居民的多样性与需求的多样化，对社区公共服务供给提出了挑战。更为重要的是，S 社区的公共服务不仅与纯粹的城市社区之间存在差别，其资源提供也主要依靠股份经济合作社，使各类保障仍然带有不确定性，且缺乏可持续性。

（2）公共服务的体系不健全

"村改居"后，S 社区公共服务体系仍带有传统村落沿袭、自发形成等特点，不但缺少政府的支持和统一规划，而且公共服务体系简单而不足。譬如，S 社区环境、垃圾运输、治安管理以及医疗等方面，政府与集体如何安排资源、如何建设等都存在盲点。

在 S 社区，如何定位村委会、居委会（社区服务工作站）和股

[①]　孙之騄：《南漳子》，光绪七年丁氏竹书堂重刊本，第 6 页。

份公司之间的关系,如何确定三者的职能划分,是一个重要的问题。针对原居民的利益表达、职业培训和流动人口的管理和服务等,都没有形成明确的、常态化的运作机制。而社区社会组织的缺失和外来社会组织的介入,也给S社区活动开展和社区治理带来志愿服务和专业技术服务缺乏等问题①。

4.社区文化:村落文化的迷失和坚守

城市化是一个土地和人口逐渐从乡村向城市过渡的过程,人的现代化构成城市化的重要基础。城市化会打破传统关系的纽带,会带来人口的更多社会流动、陌生社区的产生以及市场经济的渗透与个人理性的膨胀,进而会导致社区深度的原子化状态与社区公共意识的弱化。"村改居"社区不仅面临社区形态和居民的社会交往方式将发生重大变化,而且社区文化也充满着不确定和混合状态。类如S社区这种"村改居"社区,不同于纯粹农村上楼合并而形成的"半熟人社会"②,其内部充斥着熟人社会与陌生人社会兼备的"二元社会"以及乡土文化的消融和城市文化的渗透。

(1)乡土文化的逐渐瓦解

"村改居"社区作为一种介于农村社区与城市社区的过渡形态,社区文化不仅兼具乡土文化与城市文明的特点,而且带有乡土文化逐渐消解与城市文化逐渐渗透的复杂性。让"村改居"居民真正实现身份转变、培育认同感和归属感则成为撤村建居社区的一大使命。

---

① 康之国:《城镇化进程中的转型社区与治理转型》,《中共天津市委党校学报》2014年第5期。

② 贺雪峰:《论半熟人社会——理解村委会选举的一个视角》,《政治学研究》2000年第3期。

S村居民在努力保持村落文化和适应城市文化之时，就是乡土文化逐渐瓦解的开始。被投入城市生活的S村居民，不但面临生产生活方式的转变，其思想观念、人际交往对象与空间、社会沟通机制和互动方式、保障机制等都主动或被动地发生着变化，给乡土文化的保持和巩固带来了压力。

（2）村落文化的坚守

村落物质形态的终结，也不意味着乡土文化的终结。"人们在村落终结的过程中发现，由血缘和地缘关系链接的村落魂灵，在农民和农业的载体消失之后，仍然会长期地'活着'"①。S村那些原生态的活动，生动、鲜活、有活力，如每逢春节、元宵、端午、中秋等重大节庆假日，S村都会邀请知名演艺人员表演村民喜爱的社戏、越剧和昆曲等传统节目，每次都吸引了大批的城市居民前去观赏参与。尤其是端午的龙舟盛会，给简化到几乎只有粽子的城市精神生活带来了"团结、拼搏、进取"精神的形象感召力和良好的示范效应。外在的文化形式易变，内在的文化情感难改。城与乡、传统与现代相互杂糅的S村文化体现了城市化危机的现实需求，体现了S村人既渴望坚守传统文化，又期盼融入城市，打造更具凝聚力和向心力的共同体的努力。德国学者滕尼斯也认为："共同的风俗和共同的信仰，它们渗透在一族人民的成员之中，对其生活的统一与和平至关重要。"②S村的居民依然习惯于乡土文化生活的行动逻辑，遵从传统力量和习惯性约束，保留着"村落生活共同体"的文化底蕴。

---

① 李培林：《村落的终结——羊城的故事》，中国社会科学出版社2014年版，第26页。

② ［德］斐迪南·滕尼斯：《共同体与社会——纯粹社会学的基本概念》，林荣远译，商务印书馆1999年版，第75页。

"村改居"社区对传统文化的坚守,既是保持 S 村居民社区认同的载体和形式,也给社区的发展带来了可能。在城市文化的包围之下,S 村传统文化的留存,呈现出别具一格的吸引力和感受力。由此,在保持原有文化的基础上,如何实现乡土文化与城市文化的融合,是一个需要思考的问题。

5. 社区共治:居民参与不足

我国的社区治理在很大程度上还停留在政府自上而下运动式推动阶段,社区居民的归属感不强、参与积极性不高,使社区治理成了政府的"独角戏"[①]。虽然"村改居"社区比纯粹的城市社区依然带有邻里相望、原有组织动员体系健全以及集体意识较强的社区优势,但是"村改居"社区的特殊性也带来了社区治理的窘境。究其原因主要体现在社区居民之间缺少应有的信任和社区认同感,社区居民自我管理、自我服务意识淡薄,社区参与意愿不强。一般意义上,"村改居"后的社区居民由三部分组成:一是由村民变市民的原居民;二是居住在本社区有工作单位的"单位人";三是因购买或租赁住房而入住的"外来居民"。

在 S 社区,原居民仍旧生活在相对淡化的村落生活圈子里,而对更具城市管理体制的社区事务参与表现得较为冷淡;那些居住在 S 村或者在 S 村有房屋的"单位人",会把更多的精力和时间留在社区之外,对所在社区事务并未发挥积极作用;而外来居民只是把 S 村看作为暂时居住的生活场域,没兴趣参与社区管理。"村改居"后的社区,在居委会班子的推选上,或者受到上级的安排

---

① 郑杭生、黄家亮:《论中国社区治理的双重困境与创新之维——基于北京市社区管理体制改革实践的分析》,《东岳论丛》2012 年第 1 期。

或者原有村委干部继续担任。即便是 S 村原居民也往往是被动介入，如果没有涉及本人的切身利益，一般不会把自己的态度充分表达出来，更不会过多地参与社区事务。如何激活 S 社区居民力量积极参与，实现"社区人共同治理社区事"仍存在一定距离。

第三节　走向"以城促乡""以乡促城"的双向"城乡一体化"之路

城中村"村改居"社区作为政府主导的城市化进程的产物，其转型之路必须从"村改居"社区的形成、现状、变迁以及挑战出发，寻找新的发展路径。城乡一体既是构成此类"村改居"社区的形成背景、现实表征和问题所在，也是其转型和发展的线索。借助"村改居"机制而达成的城乡一体化，并不必然要走上城市吸纳乡村、社区消灭村落的单一化路径，而应该走城市与乡村互补、社区与村落兼容的"双向的城乡一体化"。①

一、城乡一体化发展的内在逻辑

城乡一体化作为一种社会发展理念和国家发展战略，构成了 S 社区"村改居"的社会背景和发展动力，S 社区则是城乡一体化的一种空间凝聚的展示。

---

① 罗来军、罗雨泽、罗涛：《中国双向城乡一体化验证性研究——基于北京市怀柔区的调查数据》，《管理世界》2014 年第 11 期。

1. 城乡一体化:S 村改居的社会背景与动因

城乡一体化既具有西方的研究传统和理论基础,也具有中国本土的发展过程和阶段特点。[1] 就中国社会而言,城乡一体化是为了解决计划经济条件下形成的城乡二元结构及其消极后果的制度努力,是我国经济社会和政治文化发展到一定历史阶段的必然产物,同时也是对城乡发展不协调和城乡融合不顺畅的一种政策应答和战略性回应。

作为一种全局性和持久性的国家战略,"城乡一体化"涵盖经济、社会、规划建设、生态环境等方面,是一项复杂的系统工程和综合体系。"城乡一体化"的基本含义在不同学科体系内呈现很大差别,但其实质是通过积极推进城市和农村之间的一体化建设,打破束缚城乡之间和谐共生发展的二元分割体制之藩篱,破除城乡之间既有的分割、分离和分立状态,全面激发农村沉寂的发展活力,逐步缩小城乡间差距,促进城乡之间的亲密融合和共同繁荣。而对政府而言,国家不仅回应着城乡二元隔离的现实问题和学术界对城乡一体化的谈论,也构建了国家推动社会发展、城市化与和谐社会建设的战略性布局。特别是党的十七届三中全会强调"必须健全体制机制,形成以工促农、以城带乡、工农互惠、城乡一体的新型工农城乡关系"[2],对推进城乡一体化发展作出系统部署以

---

[1] 张永岳、陈承明:《论城乡一体化的理论与实践——兼论中国特色城乡一体化的联动机制》,《毛泽东邓小平理论研究》2011 年第 3 期;张强:《中国城乡一体化发展的研究与探索》,《中国农村经济》2013 年第 1 期;陈俭:《新中国城乡关系演变的特点及启示》,《河北经贸大学学报》2016 年第 6 期。

[2] 中共中央文献研究室编:《十七大以来重要文献选编(上)》,中央文献出版社 2009 年版,第 671—672 页。

来,各地高度重视推进城乡一体化发展。从理论到实践的现实成效看,S村只是这种社会环境和国家战略布局下,"村改居"建设中的普通一例。

虽然不同学科或不同学者①对城乡一体化的解说略有不同,但是实现新型城镇化不仅是城乡一体化的重要途径,也是城乡一体化的目的之一。而由国家主导和政策推动的"村改居"就是为推动城市化进程和承接城乡一体化国家战略实践的路径之一。

2.城乡一体的内部化:S村发展的内在要求

如果说城乡一体化需要注意四个方面②(即城乡的有机整体、发展目标的一体化、城乡一体化的过程性和体制改革),那么,"村改居"既是实现城乡一体化的方法和机制,也是呈现城乡一体化的表征。S社区内部,城乡一体化不仅仅是一种国家的制度和政策实践,更是一种社会现实。这种社区现实既是可以被观察到的空间表征,也是身体力行的生产与生活方式的多元化混合所在,更是城市与乡村意识观念的融合场所。

具体而言,以政府、城市文明建设、市场经济和现代化生产生活、国家保障制度等为一端的城市或社区力量,推动S村居住环境、生产生活方式和公共服务供给方式、社会观念等,朝向社区和城市一端迈进。无论S村内部所承载的城—乡力量的来源有多寡,还是形式、结果等有多么复杂,S村内部要实现或已经达成的

---

① 姜作培:《城乡一体化:统筹城乡发展的目标探索》,《南方经济》2004年第10期;杨培峰:《城乡一体化系统初探》,《城市规划汇刊》1999年第2期;石忆邵:《城乡一体化理论与实践:回眸与评析》,《城市规划汇刊》2003年第10期。

② 陆学艺:《城乡一体化的社会结构分析与实现路径》,《南京农业大学学报(社会科学版)》2011年第11期。

治理效果,是通过两种内部化的机制达成的,即"以居建村"和"以村促居"。"城"与"乡"两种因素和力量,在实践塑造 S 村的经济、文化和社会等面貌进程中,始终是纠缠在一起,是元素一体化的齐头并进和力量一体化的融合过程。也就是说,正是由于 S 村内部所嵌入或内生的"城乡一体化"塑造了 S 村本身。

二、S 社区转型治理的"三个机制"

中国社会处于转型之中,一方面,在横向或时间上具有连续性,转型期仍需要具有现代化的线性特征;另一方面,在纵向上或现代社会条块上,从中央到地方、从单位到个人都需要适应迅速变化的社会。而处于中国社会基层的社区,在社会转型背景下,面临着如何转型和转型向何处的选择难题。"村改居"社区不仅是社会转型的产物,其本身既面临社区转型的难题和选择,也充满转型的张力和复杂性。在英国学者埃比尼泽·霍德华看来,城市与乡村需要达成一体化的状态,才能够为双方带来新的发展和进步。"城市和乡村必须成婚,愉快的结合将迸发出新的希望,新的生活,新的文明。"[①] 他倡导把城市与乡村两者的要素统一到一个"多孔的、可渗透的区域综合体",并作为一个整体运行。如果说霍德华在西方社会的基础上提出的城乡一体化的发展路径和空间表征带有一种理想指向的话,那么在中国转型社会,城乡接合部、城中村和"村改居"社区等现实地域空间,都较为贴切地对应了霍德华"多孔的、可渗透的区域综合体"的空间预设。

显然"村改居"社区不是城市与乡村愉快的结合,也并未过上

---

① ［英］埃比尼泽·霍德华:《明日的田园城市》,金经元译,商务印书馆 2010 年版,第 9 页。

预期的和谐生活。"村改居"社区作为政府主导的城市化进程的产物,其转型需要在正确分析和处理城乡关系的基础上,既需要形成和构建一种"政府主导与社会参与、市场介入"的理念和体制机制,也需要在组织、参与、资源和激励监督等具体机制方面进行系统化构建。也就是说,S社区转型需要在坚持"政府主导、社会参与与市场介入"的整体路径下,从组织、参与、资源等具体机制等方面,实现城乡关系(村居元素)的再转型、再融合和再社区化。

1. 组织机制:S社区组织的构建与治理

"村改居"社区面临三种组织机制建设的任务:实现原有乡村组织向城市社区组织的顺利转型、构建新的社区组织或引导社会组织嵌入社区、实现不同组织的合作治理。因此,"村改居"社区的组织构建需要解决从乡村到城市两套基层党组织的并轨、多元化群团组织的协调和动员、针对共有资产进行自治管理的业主大会和业主委员会的成立与功能履行、社区转型治理支持网络的衔接与发展以及其他类型社会组织的引入与资源整合等多方面。这不仅需要坚持乡村与城市两套组织体系并轨和社区组织建构,而且需要坚持一种城乡互补的理念。

一是建立健全社区组织,培育和发展各类社区组织。社区组织是社区场域内以社区居民为服务对象,积极满足社区居民不同层次需要的各种组织的统称,它是"村改居"以后社区治理的主体力量。对S社区及其居民而言,要处理和面对来源多样的现代主体,就需要培育和发展城市与乡村、国家与社会、政府与村庄等多元化的社区组织。如社区居民实行自我管理的自治性的群众性组织,诸如业主委员会、居民委员会等;社区的集体经济组织;在社区内活动并在一定程度上参与某种社区事务管理的组织,老年协会、物业服务企业、社区社会组织等。

二是构建新型关系格局。"村改居"社区组织是多元、复杂的,不仅需要理顺组织之间功能界限,还需要建立、完善社区组织,对社区组织的权利和职责进行严格界定,以此来增强社区的凝聚力。在这方面,S 社区既要构建政府、市场与社会三者伙伴合作治理关系,也需要在社区内部划定三者之间的相对功能界限,同时还需要走出村委会与居委会、民间家族宗族组织与现代协会等城乡组织二元分离的现实,实现不同组织体系的再社区化和社区融合。

三是完善社区服务体系,提高相关社区组织的服务能力。作为一个"村改居"社区或者城中村社区,S 社区不但需要兼顾居民和外来人口双方的利益和需求,也需要结合社区空间杂乱、治安混乱和社区思想复杂等现状。如在社区服务主体方面需要注意的是,社区居委会要主动根据社会需求,通过各种渠道和途径培训和提高社区居民,特别是 S 社区原居民的一些基本素质和相关工作技能,创造各种条件积极拓宽居民的就业渠道;"村改居"社区需要积极引导其他社会组织参与社区的治理和服务当中,并根据社区实际情况不断出台和完善鼓励社会组织参与社区建设、治理和服务的相关政策,以此来提升和拓展社区社会组织的服务能力。

2. 参与机制:双重机制的融合

根据胡位钧[①]的诠释,社区居民在参与社区公共生活和构建

---

① 胡位钧:《社区:新的公共空间及其可能——一个街道社区的共同体生活再造》,《上海大学学报(社会科学版)》2005 年第 5 期。

社区公共空间的过程中，能够在所有社区成员之中形成普遍的社区认同感。社区参与制度为社区转型治理搭建了平台与基础，而社区居民参与则是为社区转型和治理带来活力。倘若在城市社区面临参与制度的实践和居民参与的动员问题，那么在"村改居"社区还需要关注参与制度与居民参与的城乡衔接问题。以此而言，S社区一类的"村改居"社区或城中村要实现社区转型治理，就需要完成社区转型的双重任务。

一是完善居民参与机制和社区实践，实现社区参与机制与乡村参与机制的衔接。S村改居后，一方面，居委会（社区工作站）作为新的居民自治组织形式和国家政府依托对象，是连接居民和政府的桥梁与纽带，需要承担起更大的职责来强化社区自治功能，提升居委会社区自治能力。另一方面，要大力推进民主决策制度化、规范化，切实保障社区居民的决策权。与此同时，还需要增强居民自治意识、加强居委会职能、推进参与民主化、增强个人权利意识等制度建设，以便给S社区居民带来更多的活力和变化。

二是实现参与制度与动员机制的现代转型。S社区"村改居"之前存在着多元化的参与路径和动员方式。例如，村委会合法性及其制度性路径依赖、土地集体所有、集体企业发展以及"村—队—小组"的组织方式以及居住空间的集中化等，都给S社区参与留下了历史的痕迹。这就需要在尊重和扬弃S社区原有的参与机制和动员方式的基础上，充分利用网络、微信等现代传媒，不断培育和提升社区居民参与社区建设和治理的主体性、主动性和积极性，实现国家动员与社会动员、利益动员与情感动员、社区动员与乡村动员的合作。

3.资源机制:政府、市场与社会三种资源的社区化

所谓资源机制的社区化指在"村改居"社区空间内,政府、市场与社会(村落)三种资源动员机制适应和嵌入到"村改居"社区以及社区治理发展的过程之中。也就是说,要契合"村改居"社区及其治理特点,在 S 社区这种"混合治理空间"[①]内,构建政府财政主导、市场资本介入和社会与村落力量协助的资源机制合作框架和资源供给逻辑。

一是强化政府责任。目前,我国"村改居"社区的主要资金来源是政府拨款和社区集体资产,在政府拨款和集体资产相对有限的情况下,社区建设匮乏十分常见。针对"村改居"社区投入机制相对低效和资金吸纳渠道相对狭窄的现状,积极优化社区建设的投入和大力拓展资金吸纳的渠道成为必然的选择,通过推动公共资源社会投入建设的重心下沉,不断强化基层政府供给社区公共服务的能力。而像 S 社区这类的"村改居"社区,政府不但要承担起普通城市社区公共服务的责任,也要更大地回馈"村改居"社区及其居民。这不仅是一种国家责任和政府义务,也带有制度规定与契约规范的样态。例如,在强化 S 村民身份的市民化、社会保障的城市化和社区门禁设施安装等关系村民切身利益方面的基础上,还需要对社区卫生、居民就业等村民关心的其他问题作出回应等。

二是引导市场与社会力量嵌入 S 社区。在 S 社区,市场无所不在又无所适从。根据我国城乡关系发展与演变的内在规律,"市场的基础性作用发挥得越充分,城乡之间的差距相对缩小;反

---

① 郎晓波:《进社区冶:混合治理空间中的条块关系与行动逻辑》,《甘肃行政学院学报》2016 年第 4 期。

之,市场作用被压制,政府干预增强,城乡差距显著"①。如何引导外界市场资源进社区、整合内部市场资源和吸引社会力量嵌入 S 社区,是发挥市场与社会力量的关键。

这就需要加强政府对"村改居"社区治理责任的同时,大力推进政府职能的社会化发展,促进财政顺利改制,把市场和非政府组织来做那些政府不该做也做不好的事,以此实现政府部分职能外移。例如 S 社区内的污水处理、垃圾处理等事务,可以从政府手中转移给特定的公司来承接。此外,还应大力拓展投入机制创新,不断拓宽资金的吸纳渠道。

三是激发社区内生力量。城乡一体化进程中,政府与市场是城乡一体化发展的双轮驱动力,也是"村改居"社区形成和资源供给的两种主要机制。但是,在实现政府与市场耦合与资源供给社区化的同时,如何激发和引导村落内部资源,补充、支持或者配合政府与市场也是一个必然措施。

针对"村改居"社区的特点,在动员和鼓励更多的外来人口参与社区治理、融合 S 社区内部力量的同时,需要进一步激活 S 社区的村落社区资源,充分动员调动社区一切力量,使之成为社区建设的主体力量。倡导社区资源的共有、共享、共建理念,营造稳定、和谐、向上的社区氛围,是"村改居"社区转型治理和资源获得的优势所在。例如,可借助 S 社区生产习俗、生活礼俗、民间风俗、龙舟盛会、民间信仰等机制和平台,引导和激发更多的社区人力、物力、智力参与社区事务的治理。

---

① 许彩玲、李建建:《习近平城乡发展一体化思想的多维透视》,《福建论坛(人文社会科学版)》2015 年第 3 期。

三、S 社区转型治理的三个"一体化"

1. 社会与共同体的一体化

"村改居"社区在转型过程中,带有"制度同体"①的内在属性和优势。一方面,相对城市社区来说,"村改居"社区居民之间有着程度不同的地缘或血缘关系,彼此之间比较亲近,社区认同感十分强烈,具有邻里相望、协作互助、关注社区和参与社区公共事务的习惯和传统;另一方面,在外来人口不断涌入,社区边界被打破,集体经济和个人生产转型,社区异质性增大的背景下,"村改居"社区中原有的出入相友、真诚守望等传统文化资源不断流失和消散,开放、竞争、契约等现代性理念和新的规则意识逐步形成。S村的社区政治经济、文化与社会等社区活动,明显地按照社会(制度嵌入)与共同体(社区认同)两种秩序逻辑运转。正如鲍曼(Bauman)所说,社区共同体应该是一个"温馨"的家,在这里我们相互依靠,相互帮扶。② S村在很多时刻或零散的场域内,正在实践着鲍曼的社区共同体特征和滕尼斯的本质意志。

现代城市文明、国家制度或社会文化进入"村改居"社区,不仅需要尊重社区传统和文化习惯,还需要契合社区居民生活习惯和社区需求。如何实现S村的内生转型与外生转型的融合或者国家—市场等外来力量与社区内在力量的衔接,是S村社区转型的必然之路。在国家不断进入社区和外来制度与现代规制对S村的塑造力逐渐增大的状况下,S村社区已成为一个"嵌入"了社区居

---

① 营立成、刘迟:《社区研究的两种取向及其反思——以斐迪南·滕尼斯为起点》,《城市发展研究》2016 年第 2 期。

② [英]齐格蒙特·鲍曼:《共同体》,欧阳景根译,江苏人民出版社 2007 年版,第 5—6 页。

民和公司股民诉求以及使各种诉求得到满足的生活共同体，其中内蕴着对共同体成员的保障性诉求与实现方式。帕特南[①]曾对意大利不同地区间的民主绩效进行比较研究。根据他的研究结果，社会资本构成社会组织的重要特征，信任、网络和规范等要素可以经由协调和行动达到提高社会效率的效果。

可见，S社区转型摆脱不了国家与市场等制度嵌入和塑造的影响，但又不能失去对S社区认同、社区文化等内在力量的尊重。S社区村民构成一个相对封闭的"村社共同体"，而使共同体得以延续的是他们所拥有的共同信仰、仪式、标志和习惯等，而村民与外来人口之间关系属于建立在复杂劳动分工基础上的异质性联系。正是在内在转型与外在转型双重力量塑造下，S社区塑造了一个乡土社会与法理社会兼而有之的混合社区[②]，创造出涂尔干意义[③]上"机械团结"与"有机团体"并存的社会状态。

2. 行政化与自治化的一体化

国家主导的"村改居"进程，其目的无非是达成国家自上而下的控制与基层社会自下而上的自治的均衡和融合，实现行政治理单元与生活共同体的两种治理逻辑的对接。如果说新农村建设更注重国家力量对农村社区的渗透和支持，力图实现农村现代化和自治下的行政嵌入；而城市社区建设的根本目的就是造就社区居民的生活共同体，治理并完善因为社会分工日益细化而导致的城

---

① ［美］罗伯特·D.帕特南：《使民主运转起来：现代意大利的公民传统》，王列、赖海榕译，江西人民出版社2001年版。

② 费孝通：《乡土中国》，北京出版集团公司、北京出版社2011年版，第9页。

③ ［法］埃米尔·涂尔干：《社会分工论》，渠东译，生活·读书·新知三联书店2000年版，第33页。

市社会空间单元的"破碎化"(fragmentation)[1],那么,"村改居"治理则是兼顾了新农村建设与城市社区建设的双重目标。"村改居"社区既具备农村社区生活共同体的底蕴和城市社区的合法身份与外在形式,又具备融合行政化和自治化的潜能和优势,其转型必然要实现行政化与自治化的一体化。

就 S 村的真实社区生活和制度实践而言,实现社区的行政化是国家和基层政府的直接意图,也是"村改居"后的真实表征。S社区转型后引入居民委员会、社区工作站和股份公司的"三驾马车"型管理模式,体现出一定的"行政化"趋向,在自治化的视角和实践看来,市场机制下社会成长与政府管制的矛盾日益凸显,需要建构"小政府、大社会"的治理结构,把不该管和管不好的交给社区自治。S 社区作为从传统的乡村社会转变而来的社区,虽然面临外来人口与本地居民的二元隔阂、契约思想对传统信任关系的冲击、城市文明对村落传统的侵蚀等共同体问题,但是其作为生活共同体仍旧明显,其社区边界与自治属性仍旧可识别。S 社区的自治性和自治范畴比城市社区更高,譬如邻里之间的互助、社区舆论压力、S 村股份经济合作社集体性以及"S 村人与城市人"的对比等,都为 S 社区自治实践设定了基础和论调。S 社区在社区安全、卫生、集体经济发展、村落文化弘扬、人际关系调节甚至是租赁纠纷等方面都保持着自我治理的实践。

在"村改居"社区,一旦股份经济合作社不再提供公共服务,政府需要最大限度地填补所留下的"真空"。袁以星等[2]认为政府

---

① 吴缚龙:《市场经济转型中的中国城市管治》,《城市规划》2002 年第 9 期。

② 袁以星、冯小敏:《上海城乡一体化建设》,上海人民出版社 2002 年版,第 218 页。

需要转变职能,从"全能政府"转向"有限政府",经由国家与社会之间以及政府与居民之间的良好合作来达致公共事务的有效管理。因此,实现 S 社区转型之路,要实现行政化与自治化在"村改居"社区的优势互补和情景化对接。

3. 社会成本与社区福利的一体化

"村改居"社区治理既是一项主体相互合作与资源持续投入的过程,更是一个涉及如何治理和为谁治理的政治问题和社会民生问题。城市化进程中的"村改居"改制及其社区改造,本身就是为推动我国城市化和经济发展(如商品房市场繁荣)的国家行为。"村改居"社区转型和转型社区的治理,既需要考虑社会意义(城市)和社区意义(乡村),也需要考虑社会成本和社会福利。[①] 这就需要把城市社会与"村改居"社区、原村民与外来居民之间的差异纳入治理范畴。

从国家治理基层社会和城市生活现代化取向来看,改造的着眼点往往在于对城中村或"村改居"社区进行全面改造,以消除其所谓邻里效应(neighborhood effect)。而从社区福利视角看来,类似于 S 村的城中村或"村改居"社区,具有天然的降低城市生活成本和空间福利的作用。一方面原村民的社会网络有助于原村民的福利保障,譬如 S 村股份公司对村民养老、升学与去世等方面的帮助;另一方面,S 村承载了城市低收入住房功能,尤其为大量外来人口提供了天然的"廉租房"。[②] 在社会制度和国家福利不能对外

[①] Friedman, L. M., *Government and Slum Housing: A Century of Frustration*, Chicago: Rand McNally, 1969.

[②] 魏立华、闫小培:《中国经济发达地区城市非正式移民聚居区——"城中村"的形成与演进——以珠江三角洲诸城市为例》,《管理世界》2005 年第 8 期。

来人口提供更好的公共服务,基层政府或 S 村集体不能给 S 村人提供更好的工作和生计手段的前提下,整体性的改造或许只是一种形象工程和政府的管治逻辑的体现。在尊重 S 村传统和历史的基础上,优先考虑 S 村内居民的利益和需求,把以人为本和服务社会的理念贯彻进 S 村治理中,就需要着重考虑居住在 S 村内的居民及其利益需求。

社会成本与社区福利的"村改居"治理创新路径,需要兼顾治理优势和发展的缺陷。社会成本视角下 S 村的"村改居"转型路径,对城市社会整体治理和基层社会秩序的有序化、制度化,具有宏观性和整体性优势。社区福利体察了社区特点及其居民的特殊需求和利益,但是往往倡导采取小规模整治模式,过度关注社区而忽视整体城市社会的利益、环境与规则。因此,如何平衡各方利益,协调社会效益与福利,这是社区转型的核心问题。就规划和管制的角度而言,社区转型的核心落脚仍在空间转型与改造上,其结果多为社区空间重组、社区功能碎片化,而社区地方性公共事务或服务,如社区内绿化、娱乐健身设施、停车场等,仍需要关注社会成本与社区福利的有机结合。

"村改居"是中国特色的城市化推进方式,而城中村"村改居"社区则是体现城与乡、现代与传统等诸多元素的社会空间,国家与社会、城市与乡村、传统与现代等不同力量之间的互动必然会塑造不同的城乡关系表征。近三十来,在各级党委政府和全体居民的共同努力下,S 村先后实现了征地安置、撤村建居、成立股份经济合作社,不仅解决了居住、户籍、医疗、就业和社保等问题,居住区的自然人文生态、地理地貌也发生了翻天覆地的变化。与此同时,作为转型社区，S 社区不仅面临从乡村到城市两套组织的并轨、衔接和整合问题，也面临社区工作站如何配置、居委会和集体经济组织如何协调等诸多难题。

"城中村的形成、维系与发展，从一个窗口透视了中国城市化道路的坎坷、神奇和多样性。"[1] S 社区作为极度凝聚的社区空间和城中村"村改居"典型，精致化地展示了城与乡两种力量互相碰撞所产生的混合状态。城与乡（居与村），既是形塑 S 村的两种社会力量，也是 S 社区表征本身。

S 社区所呈现的不确定性，既是转型社区的必然特征，也为社区治理转型和滕尼斯"社区如何可能"留下了生成空间。这就需要转变城市化进程的整体理念和具体社区发展思路，改变为共生型城乡关系。城乡共生不仅是一个理想化状态和渐进性过程，更应该是一个政策实践和社区规划的过程。城乡一体化不仅是 S 社区变化和发展的嵌入背景，也是 S 社区内部"城"与"乡"两种力量在实践塑造 S 社区的政治、经济、文化和社会面貌进程中，如何齐头并进和多元融合的过程。S 社区转型治理不仅需要树立"以城促乡"和"以乡促城"两个"城乡一体化"理念，其转型还需要在正确分析和处理城乡关系的基础上，在"政府主导与社会参与、市场介入"方面进行体制机制搭建，在组织、参与、资源和激励监督等方面进行系统化构建，实现村居元素的再转型、再融合和再社区化，这对进一步推进城乡融合发展、优化城中村"村改居"社区规划空间布局、深化社区治理综合改革都有一定的借鉴意义。

---

① 李培林：《村落的终结——羊城的故事》，中国社会科学出版社 2014 年版，第 1 页。

第三章　易地搬迁"村改居"
社区的现状与出路

——以山东省 X 社区为例

易地搬迁①政策作为解决"一方水土无法养育一方人"的部分地区生活现状与促进新型城镇化建设中最快速有效的政治手段和治理方式,在国家主导推动下,迅速得到各级政府的政策回应和地方实践。山东省 X 社区正是在精准扶贫政策的基础上,以田园综合体打造为抓手,不断聚合政策优惠条件和自身资源优势,有效融合精准扶贫与城镇化建设,加快实施搬迁社区后续发展与"村改居"步伐。从"村"改"居"、从"山区村民"变成了"城镇居民",促进了居民们生存状况与生活方式升级,也促进了居民生产方式与价值观念的转型。易地扶贫搬迁进程中"村改居"的农村农业城市化与现代化,及其所衍生出的问题与治理实践值得分析与思考。这其中既包括易地扶贫搬迁宣传、实施和运行发展中均涉及的共

---

① 所谓易地扶贫搬迁是指政府主导、群众自愿参与,将居住在自然条件恶劣地区即"一方水土养育一方人"地区的农村建档立卡贫困户搬迁到生存与发展条件较好地方,从根本上改善其生产生活条件,实现脱贫致富的一种扶贫方式。

性问题,也包含该地区所独有的特殊问题。

第一节 易地搬迁"村改居"的缘起

X 社区的前身 X 村隶属明县的李镇,地处山东省中南部。明县历史悠久,上古为东夷之地,春秋称明邑,战国改礼国,西汉始为明县。李镇位于山东省明县西部,距县城 12 千米,镇政府驻地在李村。李镇交通便利,区域位置优越,明梁公路横穿东西,田间公路、李梁公路纵贯南北。该镇下辖 5 个工作区,31 个行政村,82 个自然村,总人口 55905 人,总面积 155.6 平方千米,共有大小山头 336 座,属于典型的山区乡镇。李镇人文景观独特,文化底蕴丰厚,2016 年获得山东省最佳宜居村镇、"好客山东最美村镇"称号。X 村最早属于省重点贫困村,位于镇驻地西南 15 千米,由 X 村(建于清代乾隆年间,因李姓人家最早来此居住而得名)、北山村(建于明代成化年间,因该村北边靠山,故而得名北山)等 15 个自然村组成,共有 530 户,1670 人,原有贫困户 238 户,贫困人口 768人①,居民的文化水平普遍偏低,以小学、初中文凭为主,且常住人口主要以老年人和未成年人为主,大多数中青年人为了补贴家用都选择外出打工。房屋 585 栋,总面积 9223 亩,其中耕地 4680亩,居民的收入来源主要以外出打工和耕地为主。

作为山东省重点扶贫村和明县重点帮扶村之一,X 村存在大量贫困人口,地处偏远,交通不便,脱贫难度极大,基层组织建设亟

---

① 该数据为 2019 年精准扶贫政策实施过程中的村委统计,截至 2020 年,X 社区贫困户已全部顺利脱贫。

须完善。在易地扶贫搬迁前,X村居民住在山上有五难,分别是行路难、吃水难、上学难、就医难和找媳妇难。"行路难"是指原来X村进出只有一条三米宽的水泥路,山路太陡,弯太多,轿车、摩托车能走,也只限于路上没有冰雪时,电动车根本爬不上那些大坡,更不用说自行车了。"吃水难"是指全村家家户户必备的工具是钩担和水桶,吃水靠挑。天旱时,半夜三点就去有水的地方排队,条件好一些的居民,就花上万元钱在自己家院子里打井,并要打到200多米深才有水。"上学难"指的是X村小学在1998年被撤并后,读小学的孩子们只能到五千米以外的地方上学。凌晨五点,老人领着孩子走出家门,爬山过沟,八点送到学校后,再走五千米路回村。来回匆匆吃口午饭,又要走出村去接孩子。一天四趟,64里路,累了老人;一天两趟,32里路,累了孩子。为了赶时间,村里的孩子上学都是啃着又硬又冷的煎饼走着去上学。"就医难"指的是在山上的时候,X村只有一个能治头疼感冒的卫生室。年轻人外出打工了,村里的老人最怕得脑梗死、心脏病之类的突发疾病,送不出去,根本没办法抢救,村里年年都有因为抢救不及时,出意外的事儿。"找媳妇难"指的是由于村里的不少青年女孩都外出打工留在了外地或者嫁到了外村,加上青年男性本来就多,导致男女比例严重失调,又因为贫穷,找媳妇越来越难。原先村里40岁以上的光棍就有近30人,有的东拼西凑、砸锅卖铁娶上了媳妇,又因为家里穷,媳妇也留不住,往往过段时间就跑了,经过"娶了跑"这个折腾,这里村民的生活更加困难。

为彻底解决X村的贫困问题,2013年李镇开始筹划X村的整体搬迁。按照"先安置、后拆迁"原则,投资1亿余元,为易地搬迁居民社区化居住,在镇驻地李河两岸规划李镇滨河社区一处,作为

X村的整体搬迁安置区。X社区占地43亩,建设16栋住宅楼、1栋社区服务中心以及村内老年人暂住房50多间,作为项目安置社区,水电暖气等设施配套齐全,在2015年年底实现了530户,1670人一次性整体搬迁入住。易地扶贫搬迁工作不是阶段性的闯关式工程,而是长期性的可持续发展过程。为更好地巩固X社区易地扶贫搬迁成果,促进其后续可持续发展,按照安置区和原住区(项目区)的规划安排,形成了以原居区为发展引擎,推动易地搬迁"村改居"社区服务与现代化建设的"产业带动—生活服务"互相促进的可持续发展格局。

一、安置区:基层党建引领综合建设

X社区作为该县曾经的软弱涣散党组织帮扶村,在安置区建设将党建引领作为重点,用党建带领各方基础性建设,形成"党建+团队协作、美丽社区、便民服务、灵活就业、产业发展"的五位一体社区治理新局面。此外,X社区党支部注重规章制度和监督体系的完善与强化,为社区党员干部与非党员干部均设置各类型、全覆盖的岗位,并形成书面形式的职责要求,进一步规范和强化了党员居民的带头引领与服务奉献义务。

1."党建+团队协作"建设

X社区始终坚持创新思路抓党建,凝心聚力促发展。党支部以"两学一做"学习教育常态化制度为契机,以党员干部履职纪实为载体,明确村"两委干部"、全体党员、四支队伍成员的职责任务,实时记录履职尽责情况,全程量化考核,促进党员干部以身作则,积极发挥模范带头作用;认真落实"三会一课"制度,坚持每月

召开党员大会,严格执行重大事项"四议两公开",不断规范村级运行机制。基层党委带领两委干部,全体党员、四支队伍成员和居民凝聚在一起,发扬"艰苦奋斗、不畏困难、敢挑重担、勇于创新、埋头实干、无私奉献"的精神,实现整村易地搬迁,各项事业蓬勃发展,先后获得了"市级先进基层党组织""市级平安建设先进村居社区""县级先进基层党组织"等荣誉称号。

2."党建+美丽社区"建设

昔日的 X 村距离镇驻地 30 多里,偏僻闭塞行路难,吃水上学就医难,群众生活极其不方便。如今,全村 530 户,1670 名群众搬进了社区,住上了宽敞明亮的楼房。在党支部的引领下,社区坚持以改善群众居住环境与改善生活环境相结合,按照"八通八有"标准进行建设,实现了气上楼,水治污,暖入户,为群众提供了舒适的居住环境,建设了 1650 平方米的娱乐广场、1320 平方米的健身广场、1200 平方米的停车场,安装路灯 60 余盏。按照"三季有花、四季常绿"的标准进行绿化,栽植广玉兰、女贞、百日红和樱花等绿化苗木 4600 多株,从原来村庄移植皂角树、榆树和柿子树等古树 26 棵,为群众提供了优美的休闲环境。

3."党建+便民服务"建设

社区以服务、便民为目标,建设完成了 3000 平方米的社区综合服务中心一处,集中提供便民服务、医疗服务、餐饮购物、健身娱乐和会议办公等多项服务。其中,便民服务大厅设有社区党建、专职代办、人社服务、计划生育、物业管理、法律服务和综合服务等八个便民服务窗口充分整合各类资源,就近为居民提供服务。楼上设有党员活动室、健身娱乐室、图书室、电子阅览室、孔子学堂、七彩小屋和村史展馆等便民服务场所，为社区群众学习阅读、运动健身、棋牌娱乐和辅导学生等多方面提供便捷服务。

4."党建+灵活就业"建设

为了确保搬迁后的居民能够在家门口就业，党支部积极对接镇政府规划建设"两园一中心"，即木业产业园、服装产业园和李镇居家灵活就业中心。一方面，牵头联系本村居民到木业产业园和服装产业园进行就业工作。目前木业产业园已经吸纳320名群众就业，其中贫困群众73名，月均收入2800元以上。服装产业园已经吸纳860名群众就业，其中贫困群众212人，月均收入3000元以上。另一方面，积极支持居家灵活就业中心的发展。中心通过提供居家就业岗位，实现就业与居家的兼顾。截至目前，中心已经培训360人，其中在中心和居家灵活就业群众126人，贫困人口34人，年均收入可达1.2万元以上；推荐到服装产业园就业的贫困就业人口67人，月均收入3000元以上，实现"一人就业，全家脱贫"。

5."党建+产业发展"建设

全村共有9000余亩可利用土地，除新增的4000亩土地归村集体外，人均拥有土地3亩。党支部组织党员带头将村内土地按照每亩600元的价格进行流转，仅此一项就可实现年人均收入1800元。项目区内的土地一方面通过招商引资，引进10家农资型企业，主要是种植、养殖和加工；另一方面立足实际，成立合作社5家、家庭农场53个，实行规模化运营，主要运营方式是合作社+家庭农村+农户。截至目前,所有土地都得到了有效的开发利用,整个项目区内共栽植榛子 60 万棵、5000 亩,建设蓝莓草莓采摘园 1000 亩,种植烟台大樱桃、瑞士红肉苹果和富硒黄梨等 4000 多亩。居民子项目区内务工,人均可获得月务工收入 1500 余元。

此外,X 社区党支部共设有宣传政策岗、参政议政岗、民主监督岗、公共管理岗、文明新风岗、治安综合治理岗和计划生育联络岗七大岗位。宣传政策岗积极向居民群众宣传党的农村政策、法律法规和村规民约,协助党支部做好思想政治工作等;参政议政岗收集和反映居民的意见和建议,参与本村有关重大事项的决策,围绕社会主义新农村建设,帮助村党支部出点子、想办法,参与农村各种民主理事会工作等;民主监督岗的主要职责是监督村党支部执行党的农村政策、按照"四议两公开"民主决策村级重大事项情况,督促村党支部组织党员开展党建活动,对村级党务、村务、财务公开公正实施监督,发现和报告违反法律法规、村规民约的人和事等;公共管理岗的职责是依照法规和村规民约调解和协助处理治安案件和民事纠纷,做好上访人员思想工作,维护社会稳定,同时对水面、林木和农作物进行监督管理,协助处理违法违规事件,发现和上报泥土塌方、路面下陷、水毁工程、水利隐患等事项,依据村规民约对村庄卫生进行监督管理;文明新风岗则是要积极倡导文明新风,带头移风易俗,引导群众破除封建迷信和旧的生活习俗,抵制各种邪教组织和不正之风,协助村党支部开展文明创建活动和健康有益的农村文化娱乐活动,协助村组开展群众性环境卫生活动及评比,引导居民群众改善人居环境和村容村貌,协助村党支部开展扶贫帮困活动,积极倡导尊老爱幼、邻里和睦、遵纪守法、遵守公德等良好乡风民俗,开展生育知识宣传活动,倡导生育文明新风等;治安综合治理岗维护村里治安,协助村里搞好治安巡逻等工作;计划生育联络岗则是开展计划生育知识宣传活动,倡导生育文明新风等。

除了党员干部以外,对于无职党员也进行相关岗位设置,且每个岗位小组设置一名牵头人,其中主要包括设置村情民意调查岗,及时收集和反馈居民反映的意见和建议,及时向村委报告居民中发生的突发事件;设置村务财务监督岗监督村委会的收支情况,督促村委会按期公布账目,参与做好村集体经济项目发展的监督工作;设置党务工作监督岗监督党委组织生活各项制度的执行情况,及时向所在党组织提出意见建议;设置文明新风岗积极倡导健康文明的新生活,协助开展有益群众的文化活动,带领群众移风易俗;设置宣传政策岗协助村、组在党内外群众中宣传党在农村的政策法规和深化农村改革的方针、政策和措施;设置治安综合治理岗用来做好积极值班、村内事务监督和紧急事项汇报等工作。

二、原住区:田园综合体带动产业发展

自从 2017 年中央"一号文件"首次提出"田园综合体"概念,田园综合体迅速成为乡村新型产业发展模式和乡村振兴的重要抓手。田园综合体模式不仅成为文旅资本的投资新宠儿,更是贫困农户脱贫致富的一条新路子。X 社区按照"搬得出、住得下、能致富"的总体思路,在易地搬迁扶贫的基础上,在 X 社区原址通过土地复垦、政府规划和市场化运作,打造农业生态观光园,开发建设百花梯田田园综合体,实施新型农村社区、高效农业示范区和生态旅游观光区同实施、同建设、同开发的"三区同建"新模式,实现了从"精准扶贫"到"乡村振兴"的华丽转型和有效衔接。

1. 田园综合体的形成

X 社区田园综合体在物理空间上指向原村庄旧址,但是现实指代和乡村关联上包含农业生态观光园和居民居住社区两个空间。一方面,根据原村庄旧址的设施现状,为了搞好搬迁后土地资源的产业开发,X 社区对项目区山水林田路实施了统一规划和综合治理。找穷因,拔穷根,以通路、兴水和整地为重点,投资两亿元大力开展基础设施建设,着力改善生产条件。在通路方面,新建和扩建道路 65.3 千米,投资了 1.1 亿元,路网具体规划可概括为"四横三环二纵",干线道路 45 千米,设计为 7 米宽沥青路面,支线道路 20.3 千米,设计为 6 米宽水泥路面。在兴水方面,共建设水源工程 41 处,其中小型水库 3 座,塘坝拦河坝 38 处,新增拦蓄能力 270 万立方米。新建扬水站 17 座、蓄水池 11 处,铺设管道 6.2 万米,控制灌溉面积 8900 亩。在整地方面,实施土地整理 1.3 万亩,土地复垦 940 亩,砌地坝 2.1 万米,坡改梯 2700 亩,搬动土石方 300 立方米。另一方面,为发展经济大力推动 X 社区田园综合体项目的规划与建设,其中田园综合体核心区总面积为 2 万亩,辐射带动周边 8 个村,该项目区是在 X 社区易地整体搬迁项目基础上发展起来的,规划建设集"生态高效农业、旅游休闲度假、田园农事体验、特色产品加工、田园生态居住"于一体的田园综合体。项目建设以农民合作社、农业龙头企业、家庭农场为经营主体,让农民充分参与和收益,着力打造生态种植区、优质农产品加工区、生态旅游度假区、农耕体验及田园生态居住区。

2. 相关产业的发展

项目区内的土地一方面通过招商引资,引进 10 家农资型企业,主要是种植、养殖和加工;另一方面立足实际,成立合作社 5 家、家庭农场 53 个,实行规模化运营,主要运营方式是合作社+家庭农场+农户。截至目前,所有土地都得到了有效的开发利用,整个项目区内共栽植榛子 60 万棵 5000 亩,打造全省最大的榛子种植生产基地;建设蓝莓草莓采摘园 1000 亩,种植烟台大樱桃、瑞士红肉苹果和富硒黄梨等 4000 多亩。居民在项目区内务工,人均可获得月务工收入 1500 余元。项目区吸引了一大批农业龙头企业,催生了一批种养大户和专业合作社,采取"公司+农户+基地""合作社+农户"等模式,推广农业科学技术,普及农业机械化作业,大大提高了农业生产效率,与此同时,项目区积极吸纳原村居民就业,由企业专车每天接送居民到项目区工作,实现农民向农业工人的转变,真正实现居民"离土不离乡、就业不离家"。同时投资 6000 万元打造雪尖茶旅庄田园区,建设标准化有机茶园 1000 亩,辐射搬迁居民以"企业+基地+合作社+贫困户"形式发展高标准茶园 2000 亩,解决搬迁村 200 人就业问题。为促进农产品的销售,提高农产品附加值,项目区建设鲜果储藏保险仓库一处,配套果品交易市场两处,茶叶和榛子加工厂一处,电商平台两处,形成了完整的农产品储存、加工、销售和物流产业链条。

依托田园综合体项目区自然生态环境、人文风俗民情等资源优势,X 社区编制了《百花梯田生态旅游总体规划》,依托生态循环农业,发展乡村旅游,打造集旅游观光、山水休闲和养生度假等功能于一体的综合性乡村旅游目的地。打造三处花海、八处景点,建成游客服务中心一处,配套建设拓展训练基地、山地自行车比赛基地、亲子训练营、游乐场、休闲餐厅和农特产品超市等,绿化精品道路 14.2 千米,与明县银座天亮旅游区、中华奇石城、李家崖景区等旅游区融为一体,打造全城旅游,形成"一轴、三片区、三核心,多节点"的规划结构。同时,建设精品四合院、小木屋、茅草房和农事体验馆等体验设施,设立旅游摊点 100 个,农家乐 50 个,农家宾馆 3 家,让游客"望得见青山、看得见清泉、听得见鸟鸣、数得着星辰、想得起童年、记得住乡愁"。X 社区采取"异地搬迁、旅游开发、特色产业扶贫"相结合的扶贫开发模式,取得了阶段性的成果。

田园综合体具有产业、区域与人员的兼容与集聚的功能,"综合"是其最本质的特点,是实现"农业强、农村美、农民富"乡村振兴战略目标的有效机制。[①] X 社区田园综合体以政策为依托,以企业为载体助推资本开发转化,吸纳农民落实价值实现同时提升主体能动性。项目区核心面积 2 万亩,辐射带动周边 8 个村,集 8 个村相关资源于一点,与外附资源相辅相成。从之前强调的"一村一""一村一特"到现在的"几村一业""几村一特"格局,围绕当地农村资源优势,选好产业类型聚拢资源高效利用,让有潜力、有特色的乡村吸引带动其他较普通的乡村,因地制宜实行"一村一业"或"几村一业"根据产业类型灵活变通组合,从深层次看也是田园综合体对多重时空背景的回应。田园综合体将城市性与乡村性相结合,发展适宜乡村特性、重视农民为主体的"乡村现代化",必将成为乡村建设与城乡融合发展的有效抓手。

---

① 林亦平、陶林:《乡村振兴战略视域下田园综合体的"综合"功能研究——基于首批田园综合体试点建设项目分析》,《南京农业大学学报(社会科学版)》2020 年第 1 期。

三、易地扶贫搬迁+田园综合体：稳脱贫、再发展

产业振兴推动精准脱贫与乡村振兴有机结合，相互促进。庄天慧等[1]学者提出精准脱贫与乡村振兴的内在逻辑，在理论上二者是相互协调和促进的关系，在实践上精准脱贫是乡村振兴的前提和基础，后者则为前者提供内生动力。纵向看精准脱贫与乡村振兴这两个阶段，产业振兴作为共同抓手，一条主要线索贯穿其中，客观逻辑存在的作用需通过产业振兴得以体现。王志章等[2]在对 88 个贫困村精准脱贫效果的研究中认为，社会资本效果、经济效果、人力资本效果较低；在乡村振兴效果的评价中，乡村生态、乡村治理、乡村生活的评价高于乡村文化和乡村产业，样本村精准脱贫与乡村振兴耦合协调度处于初级互动水平阶段，衔接程度并不高。社会资本、经济、人力资本和产业四要素作为显在关系体联系密切，试想如果乡村产业发展好且居民对其评价高，那么精准脱贫与乡村振兴衔接度会不会上升一个大台阶？除去软因素（乡村文化）的效果评价，产业兴旺程度对于精准脱贫和乡村振兴的衔接度提升具有不可忽视的作用。

当地政府高度重视田园综合体建设，将其作为乡村振兴战略的主抓手、新旧动能转换的新引擎、农业供给侧结构性改革的新动力、统筹城乡一体化发展的新平台，高点定位、积极布局、强化措施、全力推进。县委、县政府按照中央、省、市统一部署，在省、市有关部门的大力支持下，X 社区坚持"先安置、后拆迁"原则，建设了 X 社区实现 530 户 1670 人一次整体性搬迁入住。X 社区田园综

---

① 庄天慧、孙锦杨、杨浩：《精准脱贫与乡村振兴的内在逻辑及有机衔接路径研究》，《西南民族大学学报（人文社科版）》2018 年第 12 期。

② 王志章、王静、魏晓博：《精准脱贫与乡村振兴能够统筹衔接吗？——基于 88 个贫困村 1158 户农户的微观调查数据》，《湖南师范大学社会科学学报》2020 年第 2 期。

合体位于 X 社区易地扶贫搬迁地区,坚持"搬得出、稳得住、能致富"的基本工作思路,加强领导、加大投入,全力做好建设安置、搬迁拆迁、基础设施建设、产业发展、就业保障等工作。大力实施了水利工程、道路工程、土地整理工程、土地复垦工程、电力通信工程、生态防护工程、社区配套工程、工业园区建设工程、居家灵活就业工程、旅游服务设施工程等十大工程,按照"规划先行、企业跟进、产业支撑、多态融合"原则,坚持"三区同建、四化同步"思路,科学规划建设了田园综合体,取得了阶段性成效。X 社区田园综合体作为精准脱贫与乡村振兴两个阶段的实践实现了有机结合、相互促进,以 X 社区田园综合体为代表的明县田园综合体总体有力地推动了农村经济社会发展。

在新型城乡关系中,城市与乡村应该置于一个整体视角,片面割裂两者关系不利于完整准确认识,但是过于统一又会走向另一个极端。易地扶贫搬迁+田园综合体不仅局限于区域内现时性利益,其更深意义在于打响了乡村振兴第一枪,使"贫困山区"走向"农业农村现代化典范"这一重大转变,实现利益传递延续,为其他地区的乡村振兴提供了宝贵经验,极大地振奋鼓舞人民在乡村振兴道路上不断地开拓进取。

第二节　易地搬迁"村改居"社区的适应

在与新型城镇化相结合的运作过程中,易地扶贫搬迁作为国家层面的政策设计,呈现出由"群众自愿、政府引导"到"政府主导、群众自愿"再到"中央统筹、省负总责"的政府主导型演进特征。① 在由中央统一筹划管理、各省权责统一、各区县严抓落实的三级管理机制下，易地扶贫搬迁工作在不同地区的具体落实更加规范化和精准化，但与此同时，也衍生出宣传、落实和运行中的一些共同性问题。

一、宣传期：任务性理念与形式化措施

按照史密斯构建的政策执行过程模型来理解，易地扶贫搬迁政策的有效执行至少包括理想化的政策、政策目标群体、政策执行机构和政策实践环境四个构成要素，各要素之间相互作用、相互影响。② 若以此来理解易地扶贫搬迁政策的执行，可将其视作相互关联的四要素如何通过有效协同走向协调互促的过程。理想化的政策是在国家层面通过政策试点与反馈机制不断完善的过程；政策目标群体是指公共政策所发生作用的对象，这里是指那些需要脱离目前所处不利生活环境的山区居民；从微观视角来看，政策的执行机构则是发挥"打通最后一公里"作用的村两委班子成员；政策执行环境则既包含微观层面的社区共同体文化价值观念环境，也包含各级政府与社会各界在全社会范围内所形成的易地扶贫搬迁政策宣传与新型城镇化建设的积极氛围。

各构成要素作为顺利推进易地扶贫搬迁政策有效落实的关键环节，都不可忽视且极其重要。易地扶贫搬迁政策的顺利落地与有效实施离不开政策宣传的良好开端。俗话说"新官上任三把火"，一项公共政策的落地也需要通过有效宣传这把"火"来点燃

---

① 王宏新、付甜、张文杰：《中国易地扶贫搬迁政策的演进特征——基于政策文本量化分析》，《国家行政学院学报》2017年第3期。

② 陈坚：《易地扶贫搬迁政策执行困境及对策——基于政策执行过程视角》，《探索》2017年第4期。

和打开政策开展的未来通道。若将易地扶贫搬迁政策的宣传过程看作一个整体,那么是"有效宣传"还是"无效宣传"主要受四个因素的影响,即宣传主体、宣传客体、宣传内容与理念、宣传手段与方式。在整个宣传过程中,四个要素之间是相互影响与融会贯通的,宣传的内容理念与手段方式主要受到宣传主体的能动影响,而宣传客体的文化水平与意识观念也会影响到自身信息的接收与接受。

易地扶贫搬迁政策的核心宣传主体是社区内"两委"班子。因此,X社区易地扶贫搬迁政策宣传的有效性与无效性的关键主要取决于"村两委"的落实。X社区易地扶贫搬迁工程虽然在宣传期结束后实现了一次性的整体搬迁,这种一次性无特殊个体差异的搬迁,易导致我们将其宣传过程的理念与方式合理化与有效化。但是调研发现,X社区"两委"班子在政策宣传过程中呈现出任务性理念与形式化措施两大问题。

1. 任务性理念

任务性理念是指X社区"村两委"干部在针对易地扶贫搬迁政策的宣传过程中,将易地扶贫搬迁视为自上而下必须完成的政治任务,是其工作身份角色下必须要推动的职责使命和不得不完成的绩效压力。这种任务式的理念出发点促使"村两委"班子在宣传工作的推动过程中产生更多的压力,无法更加真切地感知和理解"以人为本"的搬迁初衷与服务理念。这种政治身份下的工作理念导致"村两委"干部与居民之间产生心理隔阂,基层干部无法真正做到"从群众中来,到群众中去",居民也无法发自内心去信任基层干部。这种任务性理念的出发点会在村委干部与普通居民之间筑起一道壁垒,不利于基层干部与居民之间相互理解与信任,更可能为易地扶贫搬迁政策的宣传与接受过程增添阻力。

2. 形式化措施

形式化措施是指"村两委"干部在宣传易地扶贫搬迁政策过程中所采取的宣传措施的形式化,这种形式化主要表现为宣传手段的单一化、宣传内容的贫乏化、宣传途径的传统化等。在面对易地扶贫搬迁政策的宣传过程中,村委干部主要是通过发放宣传单、大喇叭播放、党员会议与居民会议等传统手段进行政策宣传,且在此过程中宣传内容不够丰富,宣传过程存在形式化。具体表现在:一是宣传标语的单一化,在全村张贴的宣传标语仅有一两句相关口号,且仅仅张贴于村内的个别场所,如村庄入口、村委办公室和村庄主干道;二是宣传单的内容过于简单或过于复杂,一种是将上级政府所下发的政策文件不经思索直接印发给居民,另一种是只挑出个别重点内容进行印发宣传,这两种极端会造成居民不能更加全面化与可视化地理解易地扶贫搬迁政策的设置;三是相关会议召开过程的形式化,没有深入有效地收集居民意见,答疑居民问题,而只是注重会议召开与否、必要流程是否进行。

在这种形式化宣传手段的影响下,极可能在易地扶贫搬迁政策启动前,已经在众多居民间产生了对政策内容理解的模糊地带,进而影响到居民自身对易地扶贫搬迁政策的接纳程度。针对宣传过程中呈现的任务性理念与形式化措施问题,我们必须采取有效措施予以应对。

二、实施期:半合意落实与潜在情绪

从过去三十多年易地扶贫搬迁的历史来看,在扶贫搬迁中农民具有较大的选择权,而且具有较高的流动性,但是现在实行的安置方式更多是集中安置,没有考虑到移民的自主性和流动性,且加之基层干部对政策领悟不够透彻,宣传理念不够精准,在国家与地方双重影响下,造成易地扶贫搬迁实施过程中出现上述两大问题。

1. 半合意落实

半合意落实指落实主体与落实客体之间的一种意志上的认同感与差异性程度,即在易地扶贫搬迁政策中国家的政策设置细则要求与居民关于易地扶贫搬迁过程中的需求是否契合。易地扶贫搬迁所承载的是传统文明到现代文明的转型、是城市生活方式向乡村的渗透,更是国家借助"易地扶贫搬迁政策"满足农村群众美好生活向往和实现新型城镇化的有效方式。X 社区易地扶贫搬迁工程的实践逻辑是在国家主导推动、基层负责实施和居民积极配合的合作框架下,融国家政策、基层方法、居民需求为一体,进而实现国家治理目标与农民生活需求之间形成合意性落实的过程。

但是,易地搬迁工程在国家推进的基础上也需要推动基层组织和居民个体的积极参与,甚至包括相关责任技术部门的市场化机制的推动。通过国家、基层组织、市场与居民的多方进行多元化合作是实践进程中的必然逻辑,是推动易地搬迁稳步前进的基础和前提。通过调研资料发现易地扶贫搬迁政策实施进展的过程呈现出一种"半合意"的落实状态。若"合意落实"的状态下是需要国家政策实践切合、基层组织方法有效与农民主动迎合的三方因素作用,那么,当前这种"半合意"落实的状态则是由于国家政策与居民需求之间出现相对性契合和偏差的现状，以及基层组织实施方法有待提升的影响。

2. 潜在情绪

潜在情绪是指居民由于易地扶贫搬迁政策所产生的关于乡土风情、基层干部、政策本身所产生的潜在的情绪情感性问题。易地扶贫搬迁户成为新阶段农民市民化的主体之一。由于自身群体的特性，其市民化进程中存在文化、身份角色和经济诸多问题，形成由特定政策推动的毫无准备状态下的"被动市民化"①。农民对土地有着几千年的依赖和感情，X 社区居民也不例外。虽然居民自身清醒地意识到在山上的生活存在譬如行路难、就医难、上学难等种种弊端，但是这片山村乡土作为居民们生与养之地，已经使居民无论从生理上还是情感上都产生了极大的依赖。这种对于乡土生活方式的留恋与不舍会促使居民在面临搬迁时产生较为复杂的情绪，尤其是随着实施期结束后，到运行阶段当这种乡土情怀遇到对"上楼"生活的不适应时，会造成部分居民内心的不满、矛盾和混乱，若不能即使排解，不仅会影响居民生活与情绪，且会影响其对政府部门与基层干部的态度与评价。

非自愿移民的安置方式来安置自愿移民的出发点，以及基层干部落实方法的传统弊端造成易地扶贫搬迁政策下国家与居民之间的"半合意"实施。

易地扶贫搬迁贫困户市民化是一种复杂的社会现象，我们不能简单地将之归结为扶贫开发事业的一部分，也不能仅仅将之视

---

① 邹英、向德平：《易地扶贫搬迁贫困户市民化困境及其路径选择》，《江苏行政学院学报》2017 年第 2 期。

为一项为实现全面建成小康社会政治目标中的技术和手段,而应该将之视为一项涉及政治、经济、文化和心理等在内的系统的、复杂的社会工程,将之视为当前推进"国家治理现代化"战略的重要内容。针对在易地扶贫搬迁实施进程中所呈现出的两大问题:一方面,我们需要优化基层干部在政策宣传与项目落实进程中的工作理念与方法;另一方面,政府部门也应该要做到因地制宜地严谨评估居民在易地扶贫搬迁进程中的各种实际需求,帮助居民既要留住"乡愁",又要奔向"远方",不断提高派发资源与本土资源的利用效率,进一步创新易地扶贫搬迁项目的安置方式,增加其灵活性与针对性。

此外,针对移民搬迁政策在实践中存在"搬富不搬穷""见户不见人""四移四不移"(移少不移老、移房不移地、移家不移产、移新不移旧)等执行偏差现象[1]。也就是说,在易地扶贫搬迁实施过程中出现部分执行偏差现象,譬如空巢老人如何进行政策落实,避免社会排斥问题;如何保障"村改居"社区的入住率,同频建好配套设施,避免效率导向问题;如何减少新年房、招婿房等,避免后续支撑乏力问题;如何查处冒名顶替现象,规避"暗箱操作",建立健全监督体系,避免利益驱动问题,进而不断增强实施过程的执行力与公信力。

三、运行期:非适应性生产生活方式与福利保障

从居住空间的压缩与集聚、经济空间的萎缩与繁育、心理文化空间的消解与重塑三个维度考察"移民上楼"后的空间再

---

① 何得桂、党国英:《西部山区易地扶贫搬迁政策执行偏差研究——基于陕南的实地调查》,《国家行政学院学报》2015 年第 6 期。

造样态。① 居民的居住空间从原来在山上错落有序的散居到现如今在城镇街道边的聚居,居民们的经济收入来源不再是那片热土而是就业市场,居民们的文化空间也呈现由同质性到异质性的转变。

1. 组织转型方面

基层群众自治制度是中国特色社会主义政治制度体系重要组成,是人民当家作主的一项基本政治制度,其根本就是党领导广大人民群众在基层经济、政治、文化和社会生活领域直接行使民主权利,管理基层公共事务和公益事业,实行自我管理、自我服务、自我教育、自我监督,主要表现形式便是居民自治与居民自治。② 通过基层群众自治制度的历史发展脉络便可清晰地了解到村委会的设置是党和国家为了保障广大农民的切身利益而将城市社区居委会的相关设置进行农村化演变而形成的农村群众自治组织。因此,两者之间既相互区别又相互联系,是一脉相承、相互贯通的关系。

随着易地扶贫搬迁政策的推进,基层的组织性质也在发生变化,传统山村的村委会变成了城镇居委会。但是,从比较框架下来看,由于改居后的社区居委会在职能上与普通的城市社区所处的外部社会环境、内部治理环境存在较大差异,改制的过程涉及村委会各类治理权力、各类治理资源过渡给居委会等多个环节③,因此

---

① 郑娜娜、许佳君:《易地搬迁移民社区的空间再造与社会融入——基于陕西省西乡县的田野考察》,《南京农业大学学报(社会科学版)》2019 年第 1 期。

② 黄观鸿:《准确把握基层群众自治制度建立的历史史实》,《中国社会报》2021 年 6 月 18 日。

③ 尹雷:《式微与重构:后城中村时代"村改居"社区治理困境的社会学阐释——以日照市 3 社区为例》,《齐鲁学刊》2021 年第 2 期。

便会造成目前易地扶贫搬迁后"村改居"社区的居委会与原有村委会、城市居委会之间都会产生差异状态。即"村改居"社区居委会已经具有完全不同于原有村委会的规定设置与职责内容,但与此同时却受到各种环境要素、支持系统与价值理念的影响,造成其还无法直接过渡且不能完全照搬城市社区居委会的那套模式。因此,对于"村改居"社区而言,如何在村委会和城市社区居委会之间找到平衡点,借鉴村委会治理中的优势,规避现阶段城市居委会存在的不足和缺陷,走出一条适合并能促进本地区社会和经济发展的治理新路①,显得尤为重要。

从可视化角度来看,"村改居"社区居委会的治理难点,主要体现在以下方面:一是"村改居"居委会的职能定位还不够明确。当前居委会的运行更多的是依托于原有村委会班子成员,工作职责更多是存在被动照搬原有村委会的功能设置,功能发挥以政治落实帮手的角色为主,而居委会原来"自治"的核心定位功能展现较少,社区参与水平较低。二是居委会工作人员的整体素质有待提高。当前居委会成员主要由搬迁前各村委会成员为主,工作队伍虽有扩大,但是由于文化教育水平的限制与后期培训不足,工作成效没有得到显著提升。三是现有居委会的经费来源与管理使用问题。由于"村改居"社区涉及相关财政补贴,会造成从原来的贫困山区负收益状态到如今政府经费补贴较多的两极分化过渡。经费来源的单一性与使用管理经验的缺失,则不利于居委会的工作开展,以及居民信任感的建立。四是法律法规欠缺问题。近年来,"村改居"社区存在极大的敏感性与特殊性,如何在社会各界广泛

---

① 王碧红、苏保忠:《比较分析框架下的"村改居"社区居委会的治理研究》,《湖北社会科学》2007 年第 6 期。

关注的热议度下短时间内完善相关具体有效的法律法规,为"村改居"社区工作开展提供科学指导与监督标准至关重要。

2."新居民"生计方面

随着易地扶贫搬迁政策的推动,政策的受益主体由村民变成了居民。易地扶贫搬迁会导致农户生计问题突出,例如其生计资本由原来的有形资本逐步向无形资本转化,由原来的静态资本逐步向动态资本转化,由资本之间的碎片化共生向协同化发展转化。[①] 而 X 社区在易地扶贫搬迁政策实施过程中往往将搬迁农户同质化,就业问题外部化,忽略了微观层面的农户增收过程中自身的内生性发展和能动作用,这体现在孩童上学、中青年人就业和流动人口发展等不同主体所面临的不同问题上。

调研中发现,X 社区在促进"新居民"上楼后的增收政策设计仍存在短视思维。例如虽然配套设置了相对应的扶贫产业,但是相关产业技术门槛比较低,导致周边产业同质化现象比较严重。而且,在居民安置社区内设置了就业扶贫车间这一举措,虽有助于就业的居民节省了上班路途中的时间成本,但是不符合国家安全生产标准和国家环保要求的小作坊式扶贫工厂,实施过程仍有待考察与改进。访谈发现,这些扶贫车间吸纳贫困人口的就业能力仍显不足。

在股份制合作绩效与原有财政补偿下发过程中,搬迁前村集体承诺搬迁后每人给予 1000 元的土地补偿。调查发现 X 社区居民只收到 500 元的土地补偿,这引起了部分居民的不满。不仅表

---

① 汪磊、汪霞:《易地扶贫搬迁前后农户生计资本演化及其对增收的贡献度分析——基于贵州省的调查研究》,《探索》2016 年第 6 期。

现为不积极参与村内事务,而且体现在对村干部、村集体失去信任。目前,X社区田园综合体打造、家庭农场开发与土地规模化承包等产业发展尚处于起步阶段,绩效考核的透明化程度有待提高。如何增加绩效,在增加集体收益的基础上更加便民利民,让社区居民更多地感受到"自己当家作主"的主人翁意识等方面的工作仍需要进一步加强力度。

3. 社区归属与融入方面

中国农村社会是一个典型的"熟人社会",居民之间的宗族关系、家族观念联结深厚,居民具备较强的乡土情怀。原有居住环境客观上的艰苦与贫穷无法阻挡居民心中主观情感上强烈的归属感。研究发现,从在山上村落的散居状态到城镇楼房聚居状态的转变,给居民带来了家庭结构、代际关系、社会网络和社区治理等社会结构和制度的变迁,使其在搬迁初期不仅面临生计空间的断裂,也面临邻里关系的中断、社区归属感降低的冲击,进而导致难以实现真正意义上的社区融合。社区居民们告诉我们:

> "原来在山上住的时候谁家住在哪清楚得很,每家的房子就在那个位置,平时串个门聊聊家常,或者有什么事情的话,都直接就去了。现在搬到楼上来,很多谁家住在哪咱都记不住,虽然说都有编号啥的,但是脑子里不装这些东西啊,你说我现在除了自己家,就只记住孩子他大爷家还有我们一个关系不错的住在哪栋楼几号,其他的都记不住,在山上的时候全村哪户住在哪都能知道……现在这种情况也就是在小区里碰到聊两句,也不怎么去人家家里了。"

> "现在虽然说整个村都搬过来了,但是住的地方都是抽

签分的,虽然说一个小区里也不那么远,但是和以前感觉不一样了啊。人家都说'远亲不如近邻',原来邻居挨得近做个啥吃的都会串门送点尝尝,现在不在一栋楼上走动就少了。"

"现在小区里有挺多外面的人,有的是租的有的是买的,都不认识,大家忙着自己家的事情,都白天上班晚上家来以后也就很少出去了,不认识的挺多,没有原来在山上那种家的感觉了。"

易地搬迁工程不仅仅是自然居住空间的改善,更是经济空间、政治空间、文化心理空间和社会空间的消解与再造过程。按照精准扶贫的目标识别"新居民"在社区空间再造过程中的区隔,以空间正义为价值诉求,通过多维空间的形塑与协调,构建移民社区共同体,才能使其真正融入新社区,真正实现人与自然的和谐共生、乡村秩序的协调发展和美丽乡村的高质量建设。

4. 福利保障方面

目前易地扶贫搬迁"村改居"的建设需要在促进脱贫攻坚与乡村振兴有效衔接,以及推动"以人为本"的新型城镇化建设的协同框架下,统筹搬迁群众的后续帮扶措施,不断加强"村改居"社区的自治能力,促进社区"新居民"社会融入,深入推进农村的现代化综合改革,扎实推进生态宜居搬迁等工程,着力解决同步搬迁所衍生的人口问题,巩固易地扶贫搬迁成果。调研发现,对于搬迁农户而言,能否建立农村养老保险、最低生活保障、农村新型合作医疗保险等与城镇居民各类社会保障制度的衔接和转换机制[1],

---

① 高强:《重视易地扶贫搬迁的后续发展问题》,《开放导报》2019年第4期。

对于坚定以贫困户为首的山区居民搬迁信心具有重要意义。

易地搬迁政策的后续可持续发展需要配套的社会福利与社会保障措施保驾护航。但文献梳理过程以及调研中都发现,在 X 社区以及其他易地搬迁村庄存在社会保障政策上没有做好衔接的问题。譬如,搬迁居民的户口仍在搬迁前所居住的村落,医保、低保和养老保险也呈现出由原户籍所在地进行管理的状态,这些种种福利保障机制不够健全的问题导致部分贫困户需要往返几十千米去办理相关手续。在烦琐流程与形式化的敷衍办公态度,以及居民自身文化水平制约的影响下,相关福利政策的落实与保障手续的办理耗时仍然较长。此外,还有的迁入地政府为了加快推进"县改市",强制要求集中安置的搬迁群众统一变更户口。

5. 社区治理与服务方面

在社区治理和服务方面的问题主要表现在社区综合服务实效有待提高、人员配备结构仍需完善、经费保障机制有待健全三个方面:

首先,目前社区以"服务便民"为目标建设而成的 3000 平方米的社区综合服务中心,虽设有为居民集中提供便民服务、医疗服务、餐饮购物、健身娱乐、回忆办公等多项服务,便民服务大厅也设有社区党建、专职代办、人社服务、计划生育、物业管理、法律服务、综合服务等八个便民服务窗口就近为居民提供服务。但调研过程中发现,目前社区服务中心部分岗位"形同虚设",投入与需求之间的矛盾十分突出,存在应付上级政府部门监督考核的任务性压力。社区服务中心楼上设有的党员活动室、健身娱乐室、图书室、电子阅览室、孔子学堂、七彩小屋、村史展馆等便民服务场所日常工作日也是"大门紧闭"。

其次，人员配备结构有待完善。目前社区居委会的成员构成较为单一，主要是由原来易地扶贫搬迁之前的村委会干部承接而来，很大程度上都是按照上级政府所规定的最低人数标准进行的组合搭配，存在一人身兼数职的情况，且人员构成中呈现了受教育和学历水平偏低以及年龄结构较大的情况。这种基层组织结构不仅受到传统村委会发展问题的制约，且很大程度上限制了"村改居"后居委会的工作开展与服务实效。因此，一方面是需要摒弃原有村委会落后的发展观念，加强新型城镇化居委会建设的培训与先进经验做法的学习。另一方面，则需要加强人才引进政策实施力度，打赢人才振兴的关键一仗。社区干部告诉我们：

> "现在居委会的成员还都是原来村委会的那套工作班子成员，变动的状况属于特殊情况，现在基层组织的要想健全也很难，社区内文化水平较高，年轻的人都外出打工，留在家里的很少，但是这一部分正是我们需要的，如果没有完善的保障机制作为支撑的话，估计很少能吸纳人才。"

最后，经费保障机制有待健全。目前，易地扶贫搬迁的"上楼"工作虽然进展顺利且成效显著，但各类配套资金到位的难度较大，这将影响社区内各大项目的顺利实施。与此同时，国家易地扶贫搬迁补助标准低①，这不仅会加重贫困农户的负担，也会给居委会自治的经费来源增添压力。当前易地扶贫搬迁社区所面临的金融支持的困难，会导致社区发展所必需的配套措施难以跟进，进而诱发更多基层矛盾。

---

① 王永平、袁家榆等：《欠发达地区易地搬迁扶贫面临的问题与对策探讨——从贵州扶贫主题调研引发的思考》，《特区经济》2008 年第 1 期。

6. 乡村文化的传承与发展方面

文化兴乡村兴,文化强乡村强。习近平总书记在参加十三届全国人大会第一次会议山东代表团审议时明确指出,要大力推动乡村文化振兴,通过文化塑造人、影响人的功能,使乡村逐步形成家风正、民风淳的良好氛围,不断提高农村地区社会文明程度,助力乡村振兴战略的实施。[1] 党的十九大通过的《中共中央 国务院关于实施乡村振兴战略的意见》也指出繁荣兴盛农村文化,焕发乡风文明新气象,传承发展提升农村优秀传统文化,切实保护好优秀农耕文化遗产,推动优秀农耕文化遗产合理适度利用。易地搬迁"村改居"社区中,如何加强精神文明建设,繁荣社区居民的文化生活对于促进居民社区融入与城乡融合发展而言,具有重要意义。

X 社区以文化振兴为引领,通过建造村史馆来促进乡村档案文化建设与美丽乡村建设,推动传统精神与现代文化的融合发展,不断打造"村改居"社区公共文化空间,希冀借助文物或老物件,让民众更便捷地触摸乡村历史变迁脉络。但在调研中发现,耗时耗力耗财建起来的村史馆,并没有发挥应有的作用,甚至变身成"储藏间"。以 X 社区为例,刚建起来没两年的村史馆,门锁居然生了锈。开门进去,馆内的墙上结了蜘蛛网。乍一看,桌子上摆放的煤油灯、木工刨子、茶壶等老物件,与冰冷的陈设环境确实"相得益彰"。

"村史馆的建设,源于县里的统一规划,当时还补贴了两

---

[1] 习近平:《中国共产党第十九次全国代表大会文件汇编》,人民出版社 2017 年版,第 5 页。

万块钱。摆放的老物件都是居民自发捐赠而来。现在看，村史馆确实没用好，主要是没专人管理。"

在农村生活的群众，每户家庭的储藏间都或多或少有几件"文物"，比如上文提及的煤油灯等，它们是过去的村民生产生活的标志，也是当下居民忆苦思甜的载体。村史馆的建设，旨在集中展示这些老物件，让人们记住乡愁。如果缺乏有效的管理方式，导致没人参观，那村史馆的建设便等同于把老物件从一个储藏室搬入另一个储藏室，没有任何意义。

村史馆很少有人参观，大概有两方面的原因：一是村史馆本身缺乏吸引力，展陈内容与方式有问题；二是周围群众对类似服务不感兴趣。就笔者看来，前者占的比重更大些：一些地方在村史馆建设中，为图方便，不顾实际"一刀切"，导致很多村史馆千篇一律，缺乏特色和吸引力。村史馆是推动乡村文明在"村改居"社区传承与创新的重要抓手，对丰富农村的文化服务供给、满足居民的精神文化需求等大有裨益。要解决门可罗雀的问题，不单单要安排专人管理，更需以文化旅游融合发展的思维，盘活文化资源，针对群众的现实需求来做文章。

文化是现代的，又是历史的。一个易地扶贫搬迁"村改居"社区的文化品格，首先是历史的，其次是现代的，同时也是历史与现代的融合、农村与城市的贯通，是一种特殊的文化发展形态。这种社区文化的特殊性要求我们在"村改居"社区文化的发展过程中既要传承乡村传统文化，又要吸纳城市现代化文明新风；既要划定新社区建设的历史文化保护线，保护好文物古迹，又要促进生存逻辑与生活逻辑相契合，符合普适价值观。村史馆建设不仅要留住乡村历史，成为人们追忆乡愁乡情，感受农耕文化的忠诚守护者，更要把它作为推动农村传统文化与现代文化的融合发展[1]，助力农村社会生活、伦理重构的重要载体。

第三节　迈向"精准扶贫"和"乡村振兴"有效衔接之路

X 社区作为一个多元融合共生系统，不仅是乡村振兴政策下沉的田园综合体，而且更是农民生产生活的社区共同体。在促进其城镇化发展的进程中需要从其实际情况出发，并借鉴我国其他地区易地扶贫搬迁的已有经验，更好地解决与处理 X 社区在政策落实与推进过程中的问题与阻碍。在此过程中，必须坚持问题导向，聚焦易地扶贫搬迁过程中集体经济组织与社区服务能力等衍生问题，通过政策倡导与制度建设、人才开发与资金引进、产业融合与结构调整、激活农民主体参与、完善乡村治理结构、加强社区治理资源与治理能力等多元措施，解决制约 X 社区发展的突出问题和现实困难。

一、加强政策倡导与制度建设

易地扶贫搬迁"村改居"社区面临巩固拓展扶贫攻坚与乡村振兴衔接任务，也是如何进一步推动乡村社会现代化发展问题。对农村社区而言，"村改居"进一步发展需要依靠土地资源，加强农村产业发展，也需要实现农村治理现代化。面对易地扶贫搬迁

---

[1]　闫小斌：《农村图书馆建设：公共空间与社会伦理的双重建构》，《图书馆论坛》2017 年第 11 期。

"村改居"社区的发展困难与治理难题,应该从政策倡导与制度建设入手,强化制度治理效能转化。

一方面,可通过修改《农村土地承包法》《土地管理法》等规章制度,深化土地制度改革,解决集体经营性建设用地、农用地和农村宅基地的转换问题。此外,上级政府可通过完善相关政策为企业落地、人才引进提供政策支持,以更好地应对解决 X 社区的企业、人才引进难等现状。另一方面,村级单位应在上级政府部门的协助下制定与完善乡村发展规划,建立健全村规民约,统筹规划乡村发展,建构乡村整体性治理机制。譬如通过制定乡村发展规划与开发体系,优化人才成长环境,突出本土优势与特色,增加乡村发展的自我能动性,留住用好本土人才;制定村规民约,保障居民参与乡村振兴与社区治理的权利与义务,为居民参与田园综合体的建设提供政策支持与规制保障。

二、加大人才开发与资金引进

X 社区将大量的资金放在产业与经济振兴上,而忽视人才振兴、生态振兴和文化振兴的举措,使乡村生态环境遭到破坏,投资资金和人才流失严重。譬如,由于乡村交通,医疗教育等基础设施与公共设施较为落后,使很多驻村干部、大学生村官不能长期留在村里。虽然村里积极地进行人才引进,鼓励大学生回乡创业,由于人才振兴方面的资金投入比较少,村里的教育医疗基础设施等条件都不如大城市,很多人才不愿意回到乡村,导致乡村劳动力供给短缺、素质低下以及人口老龄化,进而使乡村改革进程缓慢、经济发展受挫,更无法真正实现乡村人口就近城镇化,扎实推进农民农村共同富裕。

这将需要在思想上坚持党管人才原则,明确人才优先发展地位,通过"三支一扶""大学生村官"等培养计划,造就一批适应乡村振兴需求的各类农业农村人才;要进一步发展壮大"两委"班子,加强乡村基层组织建设,建设好基层党支部,发挥居委会干部带头、服务等多元角色的支撑引领作用;进一步挖掘"村改居"社区内部的人才资源,推动新乡贤参与社区事务;借助政府政策优势,优化企业人才引进环境,挖掘本土社区人才,落实人才"引进来、培养好、沉下去、留得住"政策,下大气力培养、引进和用好人才,积极为人才培养创造良好条件,夯实人才基础。[1] 此外,X 社区在易地搬迁过程中资金来源主要得益于政府财政政策的支持,这也在深层次上反映了 X 社区内生性发展动力不足、自我造血能力亟须提高的现状。如何进一步开拓资金来源渠道是 X 社区乡村振兴与社区治理发展进程中需要解决的一大难题。这需要 X 社区不断增加田园综合体发展的宣传力度,吸引更多的龙头企业、外资企业等多元化发展元素的注入,为田园综合体的高质量发展注入更多活力更大动力。

三、推动乡村产业融合与居民生计多元整合

党的十九大报告强调,要促进大力发展乡村产业,促进农村第一、第二、第三产业融合发展,为乡村振兴提供产业支撑。针对目前 X 社区田园综合体打造进程中产业发展不够合理的现状,仍需进一步调整产业结构,促进农业与第二产业与第三产业进行深度融合。譬如,要充分发挥农村潜力资源,大力推动乡村文化文明与

---

[1] IUD 中国领导决策案例研究中心:《五个振兴打造乡村振兴齐鲁样板》,《领导决策信息》2018 年第 6 期。

生态休闲等第三产业的开发，促进农业乡村文明与乡村旅游业的融会贯通；建立特色产品园区，借助旅游业完善产业链，促进优质农产品源于此地、制于此地、卖于此地的利益联结效益链，增加农户、企业收入。总之，产业结构的布局与调整，不能仅仅局限于调整第一、第二、第三产业在 X 社区田园综合体的所占比例，更应该推动三大产业，借助本地乡村资源优势、政策支持环境、外界宣传促进等多元因素的前提下，进行全方位、多层次的合作与融合，进而产生一加一大于二的资源共享平台与经济效益。这不仅有利于 X 社区田园综合体的长远发展，也为全面助力乡村振兴战略积累宝贵经验。

生计资本是决定农户内生动力的重要物质基础。分析搬迁农户生计资本变化，剖析生计资本对农户增收的贡献大小，既是激活农户生计资本的内生动力，也是精准配置扶贫资源的重要前提[1]，同时也是实施精准扶贫战略的关键环节。从外部看，易地扶贫搬迁后农户生计资本增量更加明显，其生活生产方式也从土地为载体向以市场为依赖的方式演化。在此背景下，必须认识到推动以就业为核心的生产生活方式变革，不断提高"新居民"增收能力是优化其内生性发展的重要动力和重要着力点。政府部门需要转变工作思路，既要注重易地扶贫搬迁的顺利实施，更需要重视搬迁后"新居民"就业的重难点，更好地找准"村改居"居民在就业市场的痛点与弱点。同时，基层政府部门与社区居委会应该进一步加大宣传，积极引导"新居民"就业，帮助他们了解"种地"之外的其他谋生之道。

---

① 汪磊、汪霞：《易地扶贫搬迁前后农户生计资本演化及其对增收的贡献度分析——基于贵州省的调查研究》，《探索》2016 年第 6 期。

此外,可通过"电商培训""育婴师培训"等公益活动加强对新居民的职业技能培训,不断提升"村改居""新居民"在就业市场的竞争力和就业覆盖面。此外,基层社区居委会作为群众自治组织,可以通过设置就业咨询岗位等举措为"新居民"提供就业咨询和服务,进而更好保障"村改居"社区居民的生计权益,促进其可持续发展。

四、推动农民主体参与及乡村治理结构的完善

"村改居"社区问题的解决需要当地居民的广泛参与以及乡村治理结构的不断完善。针对目前 X 社区治理现代化过程中的问题,不仅需要提升居民的参与动力,充分尊重居民的真实意愿以及主体性地位,也需要坚持自治法治德治相结合,充分尊重居民的各项合法权益。首先,通过推广居民议事规制,定期召开居民代表大会等举措保障居民的知情同意权,保障居民有更多的机会接触并参与社区的决策权利,充分尊重居民话语权。其次,通过制定相关的优惠政策、补贴奖励机制,保障居民参与社区治理的优先主体地位,不断完善居民参与产业发展的惠民规制,为居民积极参与提供环境保障,真正激发居民参与乡村治理的积极性。最后,乡村党员尤其是领导干部需要以身作则,发挥示范领导作用,继承与发扬传统乡村文化的优良传统,宣传和弘扬良好的家风与家训,推动乡风文明与现代化生活模式的协同发展,营造良好的乡村振兴发展软环境。

易地扶贫搬迁"村改居"社区的福利保障措施关系到社区居民搬迁的满意度以及社会各界监督重心所在。因此,切实加强易地扶贫搬迁社区居民在医保、社保及养老保险等方面的统筹衔接

工作十分关键。基层政府可借助"互联网+"政务服务，构建"一站式"智慧型综合服务平台，以此确保社会保障不断档、不脱节，为社区居民的手续办理节省时间成本。此外，易地扶贫搬迁"村改居"社区还需要通过召开宣讲会、运用微信群以及社区精英感召等多样化举措，加强对居民的政策宣传力度，让居民及时了解自身可享有的政府福利有哪些以及如何办理等问题，为居民的惠民政策宣传和福利工作申报做好服务保障。

五、强化社区治理资源与治理能力建设

易地扶贫搬迁作为一项快速前进的文明形态转移过程，如何促使"村改居"居民在短时间内了解和接受这种对其生产生活方式至关重要。因此，要想真正解决"村改居"社区居民的社区融合问题，首先要增强社区"新居民"对于安置区的认同感和心理归属感。新社区空间再造的关键在于打造一个居民之间互相熟悉且彼此信任的、以地域（社区为单位）为基础的利益共同体或"类熟人社会"。居委会可以通过设置社区活动室、图书阅览室、娱乐室、便民服务室和社区邻里中心等公共活动空间与场所，整合过往村落中的风俗文化和集体记忆，来回应社区"新居民"的乡土情怀与心理需求。此外，新社区还可以借助中国节日传统等时间节点，通过举办趣味运动会、棋牌比赛和广场舞大赛等各种类型的文娱活动，构建一个具有开放多元的社会文化、公平正义的社会环境、拥有较强情感归属的社区共同体。

为推动易地扶贫搬迁"村改居"社区的有效治理，不仅需要不断完善"村改居"社区由"村委会"向"居委会"职能转变过程中的社会政策，厘清各方主体之间的关系，更需要新社区居委会强化自

身服务意识与自治意识,增强新环境的适应能力,优化与整合社区内外的资源,不断完善自身转型的支持系统。此外,还需要发挥多元社会主体参与的治理优势,为改居后的社区居民提供更高质量、更高水平的社区公共服务,推动"村改居"社区实现更快更好地转型发展。

中国是一个传统农耕国家,各地区农民群体都自有一套适合于当地农业社会的生产和生活方式,这种传统的生产生活方式随着经济水平、科技创新等要素的发展正朝着现代化文明不断迈进。易地扶贫搬迁政策的出台极大地缩短了特殊贫困地区农民迈向现代化进程的能动性用时。这一转变过程最为显著的特征就是生产方式发生的极大转变。[①] 随着易地扶贫搬迁政策的推动与落实,X社区居民较为顺利地从山上走到山下,从平房走向楼房,不仅是居民身份和居住地的改变,更影响着居民生活的方方面面。易地扶贫搬迁贫困户市民化是一项涉及政治、经济、文化和心理等在内的系统的、复杂的社会工程,将之视为当前推进"国家治理现代化"战略的重要举措和重要内容。

公共服务城镇化、思想意识变革对"村改居"社区"新居民"生计恢复力提升有着显著的促进作用。但是"村改居"社区居民的居住城镇化在当前尚未实现政策的初衷[②],特别是那些靠产业园区、靠县城集中安置的新居民,其生活水平的提高仍需完备的配套措施作支撑。"易地扶贫搬迁+新型城镇化建设"的双轮驱动模式

---

① 吴尚丽:《易地搬迁中的文化治理研究——以贵州黔西南州为例》,《贵州民族研究》2019年第6期。

② 李聪、高梦:《新型城镇化对易地扶贫搬迁农户生计恢复力影响的实证》,《统计与决策》2019年第18期。

在实践中还有许多需要改进的地方。我国作为发展中国家，各级政府扶贫资金本身就比较短缺，制度设计必须简约高效，才能把尽可能多的资金用到扶贫领域。在易地扶贫搬迁过程中，政府投入均为直接的财政投入，其目的在于帮助贫困户从生态恶劣、交通不便的地区走出来，政策目标明确、政策实施环节短。搬迁过程中，地方政府通过土地增减挂钩获得了巨额收益，被认为是还贷的主要资金来源。[①] 短期来看，通过分成土地指标交易款能够有序偿还贷款，但从长期看，通过土地增减挂钩获得资金的运行机制不可持续，银行贷款已成为地方高风险的隐性债务。

易地扶贫搬迁的出发点与落脚点是为了帮助生活在深山中的居民走出大山，走向城镇。这种制度设计能够助力精准扶贫政策与新型城镇化的发展航向，但其行为背后隐含的是一种用城市化的生活逻辑去取代甚至规训以传统农业生产为根基的生活逻辑。[②] 基于此，在"精准扶贫"到"乡村振兴"有效衔接框架下，兼顾"村改居"的成效巩固与城镇化的未来发展，既要把握易地扶贫搬迁的共性，又要看到不同地区的特殊差异，以可持续发展的视角探寻"村改居"社区治理的手段，进而有效解决"村改居"社区适应困难，为农村就地城镇化、乡村振兴及易地扶贫搬迁社区的后续发展提供借鉴。

---

① 夏柱智：《土地增减挂钩扶贫：易地扶贫搬迁中的土地政策创新及其困境》，《贵州社会科学》2019 年第 11 期。

② 周恩宇、卯丹：《易地扶贫搬迁的实践及其后果——一项社会文化转型视角的分析》，《中国农业大学学报（社会科学版）》2017 年第 2 期。

第四章　东西部协作型易地搬迁"村改居" 社区的突破与期待

——以湖北省 Q 社区为例

东西部协作型易地搬迁"村改居"是指在东西部协作项目的政策扶持下,地方政府通过撤村建居,将原来生活在缺乏基本生存和发展条件地区的农村贫困人口搬迁安置到城镇地区,通过领导对接、人才交流、产业合作、劳务帮扶、医疗合作等东西协作措施,改善社区治理的体制机制,增加社区的公共服务供给,促进社区的产业发展,从而逐步实现农村农民脱贫致富。湖北省 Q 社区积极探索东西部协作型易地搬迁"村改居"的实践贯彻了共同富裕的发展理念,对于推进新型城镇化、实现脱贫攻坚以及促进乡村振兴具有重要的借鉴意义。

第一节　东西部协作型易地搬迁 "村改居"的缘起

自 2017 年浙江省东海市与湖北省裘县联姻结对以来,浙江省东海市委、政府按照"裘县所需、东海市所能"，倾尽全力帮助裘县打赢脱贫攻坚战，为湖北省裘县派驻优秀人才植入先进的经验，交流培养优秀专业人才，补齐基础设施、产业发展、公共服务等脱贫攻坚工作短板，援建扶贫车间与工厂，引导浙企入裘，共建工业产业园，培养贫困村致富带头人，提高贫困对象就业技能，提供就业岗位帮助贫困人口就业，带领街道、社区结对帮扶，动员企业及社会力量爱心帮扶，共战疫情倾力消除扶贫。2021年是湖北省裘县脱贫攻坚决胜之年，也是湖北省裘县脱贫摘帽后巩固提升的第四年。近年来，湖北省裘县坚持易地扶贫搬迁和城镇化相结合，巧用东西部扶贫协作项目，通过易地搬迁撤村建居，努力把易地搬迁"村改居"社区打造成安居的典范、就业的基地。

一、发展受限：易地搬迁的缘起

湖北省裘县地处鄂西南边陲，属于武当山区，全县海拔800米以上的山地占70%以上，素有"八山一水一分田"之称，自然条件恶劣。县域国土面积2877平方千米，下辖6个镇、5个乡，共有人口46.37万，其中少数民族占总人口的66.6%。该县基础设施比较落后，缺乏基本生存和发展条件的深山区、林缘区和地质灾害区域广，不少村人口居住稀散，就近就医、就学等最基本的公共服务等基础设施配套难度大。同时，群众增收渠道狭窄，就近就地脱贫成本高难度大。

实施易地扶贫搬迁是精准脱贫工作的头号工程，也是有效保护湖北省裘县生态环境、解决退耕还林工程与农民生产、生活、生存矛盾的有效方法，对促进人口、资源、环境协调发展具有非常重要的意义。如香菇乡李子村，全村共有住户20余户，其中贫困户占比75%,村中心位置距离集镇单边步行就需要5—6个小时,如果就地脱贫,仅改善水电路通信基础设施就需要2000万元资金,而实行易地扶贫搬迁仅需资金500万元。又如距离集镇约30多千米的万民镇平原村,平均海拔接近1800米,全年无霜期仅200余天,如改善基础设施初步造价约2500万元。该村有意愿搬迁的贫困户有53户201人,按人均5.7万元标准测算,需要1145.7万元,同比节约1400万余元,而且还能满足就近入学就医的要求。

湖北省裘县的Q安置点社区就是在这个背景下形成的。该安置点的最大特色是安置对象全部都是建档立卡的贫困户。Q安置点社区位于湖北省裘县万民镇,是湖北省裘县规模最大的东西协作型易地搬迁社区,总投资2.8亿元,占地面积370亩,共建设房屋68栋,于2017年4月开工建设,2018年9月完成主体工程,2018年10月交房入住。安置点按独立社区管理模式配套社区服务中心、卫生室、学校等公共服务设施,现已成为重要的集镇新区,已安置来自湖北省裘县46个村的贫困群众1515户5594人。

二、双向对接:东西部扶贫协作的政策红利

为推进扶贫工作,国家出台了东西部扶贫协作政策。2017年,浙江省东海市与湖北省裘县正式确立帮扶关系。多年来,浙江省东海市以"真心实意、真金白银、真抓实干"的实际行动,为推动湖北省裘县经济社会发展倾注了大量人力、物力和财力,累计投入帮扶资金1.348亿元。针对湖北省裘县贫困突出问题,浙江省东海市组织实施教育、医疗、产业发展、劳务协作等帮扶项目,帮助湖北省裘县脱贫攻坚取得了实实在在的成效。2019年4月顺利实现了整县脱贫"摘帽"。

1. 组织领导

湖北省裘县与浙江省东海市两地党委、政府高度重视东西部扶贫协作工作,湖北省裘县委书记先后两次赴浙江省东海市考察调研和对接工作,浙江省东海市委书记带领党政领导团来湖北省裘县考察对接。2018年,两地成立由党委主要领导任组长的对口帮扶工作领导小组,出台了《裘县2018年东西部扶贫协作工作方案》《东海市和裘县高层联席会议制度》《"十三五"携手奔小康对口帮扶框架协议书》等文件,进一步完善、细化对口支援帮扶工作。同时,通过县委常委会、政府常务会、县长工作例会研究东西扶贫协作工作,细化帮扶职责,实化援助项目,落实援建资金。

仅2018年一年,先后召开20次专题会议,研究部署东西部扶贫协作对口帮扶工作。2019年,湖北省裘县书记、县长先后赴浙江省东海市考察调研和对接工作,浙江省东海市书记、市长也先后带队到湖北省裘县及Q社区开展考察对接;浙江省委常委、常务副省长在州里考察期间专程赴湖北省裘县Q社区调研指导,对取得的成绩给予了高度肯定;2020年,浙江省委书记和湖北省委书记在州里调研考核期间,到湖北省裘县Q社区进行考察;湖北省裘县书记又先后两次赴浙江省东海市考察调研和对接工作,浙江省东海市书记带党政代表团也多次去湖北省裘县及Q社区考察对接;截至2021年5月,两地共召开高层联席会议25次,湖北省裘县县委、县政府共同召开东西部专题会议、工作推进会等会议9次,研究部署推进东西部扶贫协作及Q社区的进一步发展工作。此外,湖北省裘县和浙江省东海市两地纪检、发改、卫计、教育、商务等部门多次互访,积极开展对湖北省裘县及Q社区的结对帮扶活动,进行专题交流对接,对工作进行具体部署,全方位推动两地的东西部扶贫协作工作。

2.人才交流

浙江省东海市与湖北省裘县结对以来,两地党委政府特别注重加强人才合作,建设人才队伍,促进脱贫攻坚工作开展。自2017—2020年,浙江省东海市向湖北省裘县选派挂职干部3人,专业技术人才38人;湖北省裘县向浙江省东海市选派挂职干部27人,专业技术人才53人;开展党政干部培训20期,开展专业技术人才培训16期。具体工作开展情况如下:

一是党政干部互派挂职。2018年4月,浙江省东海市向湖北省裘县选派3名党政干部挂职三年,主要负责东西部扶贫协作和易地搬迁社区的工作,全心全意助力湖北省裘县脱贫攻坚工作。同时,结合两地优势和所长,坚持"优势互补、互帮互学、互惠互利、长期合作、共同发展"的原则,既主动"输血",又帮助"造血",共商扶贫协作,共谋合作发展。湖北省裘县先后选派27位挂职干部去浙江省东海市学习先进的管理经验,人才交流深化推进。

二是专技人才交流互动。2017—2020年,浙江省东海市向湖北省裘县选派专业技术人才53人,湖北省裘县向浙江省东海市选派专业技术人才53次,包括教师、医生等,并且引进技术20项,弥补了湖北省裘县相关领域的短板。两地专技人才互访互学,增强了业务水平,提升了个人素质,同时给湖北省裘县教育、医疗发展带来了新理念、新技术,当地教育和医疗水平得到长足发展。

三是开展各类培训班。专技人才培训的目的是使专业技术人员结合本职工作不断学习新理论、新知识、新技术、新信息,改善知识结构,提高专业技术人员自主创新能力,建设高素质创新型的专业技术人才队伍,为湖北省裘县的发展作出更大的贡献。两地共联合举办党政干部培训班 20 期,培训 880 人次;专业技术人才培训班 16 期,培训专业技术人才 1027 人次,拓宽了东西部协作范围,协作机制不断健全,谱写了东西部扶贫协作新篇章。

3. 产业合作

东部通过财政援助以及浙商企业来湖北省裘县投资兴业,不仅为湖北省裘县发展注入新活力,也为湖北省裘县项目带动脱贫、招商引资、社会帮扶等领域提供了较好的发展空间。

一是项目带动脱贫方面。2017—2020 年,东西部扶贫协作财政援助资金数达 1.448 亿元,共计帮扶项目 123 个。项目类型涉及产业发展、基础设施、社会事业、劳务协作、人才培训等多个领域。湖北省裘县将三分之二的财政援助资金用于产业和就业重点帮扶领域,确保资金用足用好用在刀刃上,同时强化统筹谋划,做到与其他扶贫资金相互整合、补充,发挥更大作用,确保项目进度、质量、成效相统一。例如,2017 年,7 个项目带动贫困户 600 人,其中 Q 安置点社区 200 人;2018 年,41 个项目带动贫困人口 45509 人受益(残疾人 1029 人),其中 Q 安置点社区的受益贫困人口为 1291 人;2019 年,38 个项目带动贫困人口 8038 人受益,其中 Q 社区受益贫困户为 899 人;2020 年,37 个项目带动贫困人口 11054 人受益,其中 Q 安置点社区受益贫困户为 706 人。

二是招商引资方面。2017—2020 年,积极引导浙商企业来到湖北省裘县投资兴业,共有 19 家企业进驻裘县,投资总额达 7.2 亿元,不仅为湖北省裘县产业的发展注入新活力,同时也带动建档立卡贫困人口增加收入、致富脱贫。例如,引入浙江温州医疗科技有限公司在湖北省裘县投资,填补了湖北省裘县在医疗电子设备生产领域的空白。Q 社区安置点的准者体育和未来服饰公司已经发展成为当地的带贫企业,实现就业 864 人(其中 Q 安置点贫困户 370 人)。

三是消费帮扶方面。湖北省裘县与浙江省东海市两地大力实施消费扶贫,动员社会各界扩大湖北省裘县贫困地区产品和服务消费,调动贫困人口依靠自身努力实现脱贫致富的积极性,促进贫困人口稳定脱贫和贫困地区产业持续发展,是社会力量参与脱贫攻坚的重要途径。2017—2020 年,湖北省裘县累计向浙江省东海市销售各类农产品 1.7071 亿元,带动贫困人口 6562 人次,解决了许多贫困家庭的经济问题,让湖北省裘县在脱贫攻坚的道路上踏出了坚实的一步。

4. 劳务帮扶

近年来,浙江省东海市和湖北省裘县不断加大劳务帮扶力度,通过社会各界的共同努力,全方位、多层次地开展劳务帮扶,取得较好的成绩。

一是构建劳务协作平台。湖北省裘县和浙江省东海市两地人社部门紧密协作,搭建劳务输出桥梁,结合各类人员就业意愿和市场需求,为湖北省裘县劳动力输出提供有力保障。为提升建档立卡贫困户的综合就业素质,2017—2020 年,共开展劳务协作培训 27 场,其中 Q 安置点社区 501 人参与。此外,湖北省裘县通过开设招聘会、设置公益性岗位、点对点输送就业、扶贫车间吸纳就业等方式,帮助贫困人口实现就业达 3735 人次(其中 Q 安置点社区有 799 人)，到浙江省东海市就业人数为 1159 人(其中 Q 安置点社区有 357 人)，一定程度上缓解了湖北省裘县贫困户特别是 Q 安置点社区的就业难问题。

二是开展致富带头人培训。2017—2020 年，浙江省东海市共安排帮扶资金 210 万元，培训农村创业致富带头人 522 人，带动建档立卡贫困户 2500 人次。同时，安排专人对接东西协作致富带头人工作，择优选择培训学校，优选培训对象，科学设置课程，着力培育一批创业能力强、示范作用明显，能带动贫困群众抱团发展、脱贫致富的带头人，更好地发挥"领头雁"的作用，促进东西协作扶贫提质增效。

三是推进结对帮扶活动。在积极推进协作帮扶基础上，浙江省东海市还积极动员社会力量参与扶贫，以构建东西部扶贫协作对口帮扶大合力。例如，浙江省东海市的乡镇(街道)、村(社区)、企业、社会组织、学校、医院与湖北省裘县均形成结对帮扶关系。2018 年，钱江新城投资集团、之江城投分别出资 100 万元、40 万元帮助 14 个村贫困人员就业和残疾人补助，391 人先后受益(其中 Q 安置点社区有 98 人受益)；Q 安置点社区"四点半学堂"是在浙江省东海市众多单位、社区组织的帮扶下顺利建设完成，集爱心阅读室、作业辅导室、亲情聊天室、手工制作室、智力游戏娱乐室和人性化洗手间于一体，已投入使用；浙江大学城乡规划设计研究院有限公司、大象建筑设计有限公司、中宙控股集团有限公司等 13 家民营企业、2 家国有企业、1 家社会组织与湖北省裘县 Q 安置点社区以及其他 20 个贫困村签订了帮扶协议，赴结对村开展帮扶活动，捐资捐物共计 52.2 万元等。

四是加大社会帮扶力度。浙江省东海市一民办教育协会党委捐赠教育资源397.6万元,用于Q安置点社区线上教学资源的配置;疫情期间,浙江省东海市蓝天公益基金会捐赠一次性手套2000双,一次性口罩400个,价值0.28万元,用于Q安置点社区卫生院和青年防疫志愿服务突击队;浙江省东海市民革企业家联谊会捐赠价值20万元的移动彩超、灸疗仪、动态血压仪、动态心电图机及电子血压机等各种设备,用于Q安置点社区及附近贫困地区医疗事业;阿里、蚂蚁金服、腾讯公益等发起的很多公益行动,关爱Q安置点社区及附近贫困妇女和学生群体;等等。

5. 医疗协作

浙江省东海市和湖北省裘县两地卫健系统十分重视扶贫协作工作,已签订《东海市卫计局·裘县卫计局对口帮扶协议(2018—2020年)》,明确基本公共卫生、全科医疗、疾病防控、村级卫生室服务能力提升等方面结对帮扶。

一是派出专业技术骨干。浙江省东海市先后选派医疗专业技术人员62人次到湖北省裘县指导、7名专家长短期帮扶、4名专业技术人才实地挂职。例如,浙江省东海市古新街道社区卫生服务中心副主任医师在万民镇创办全县首个慢病管理中心,为该镇2468个贫困高血压患者(其中Q安置点社区有203人受益)、860个贫困糖尿病患者(其中Q安置点社区有180人受益)、3527个贫困65岁以上老年人(其中Q安置点社区有508人受益)诊疗。同时,通过传帮带为受援卫生院培养技术骨干。

二是搭建进修培训平台。立足"缺什么补什么,需什么给什么"的原则,浙江省东海市不仅推出"订单式"培训模式,还与支援单位建立进修机制。一方面,湖北省裘县已分批选派医务骨干近

100人到浙江省东海市医疗卫生单位进修学习,为湖北省裘县储备更多的医疗管理及技术人才资源;另一方面,还举办了两期浙江省东海市对口帮扶湖北省裘县乡医疗技术人员培训班,培训县乡村医疗机构医生300人,大幅度提升全县基层卫生服务管理水平、业务技术发展水平。

三是投入医疗实施设备。浙江省东海市和湖北省裘县在村医疗设备、急救设备和基础设施方面进行结对帮扶。首先,在村卫生室建设投入方面。2018年,湖北省裘县获东西部扶贫资金216万元,新建村卫生室9所,落实东西部协作资金50万元,为包括Q安置点社区在内的223个村卫生室购买基本医疗设备。落实湖北省裘县万民镇Q安置点社区标准化村卫生建设项目资金10万元等。其次,在医疗设备投入方面。2018年7月至10月湖北省裘县各乡镇卫生院陆续接受浙江省东海市各社区卫生服务中心捐赠医疗设备和款项约50万元。2019年,获浙江省东海市帮扶医疗设备项目资金175万元,用于万民镇和张镇卫生院医疗设备配置;追加项目资金180万元,为万民镇、李家镇等卫生院采购配置医疗设备,着力解决27226户、91400人建档立卡贫困户看病就医。再次,在急救设备投入方面。2020年,浙江省东海市为湖北省裘县乡镇卫生院配备医疗救护车项目资金150万元,分别为5个乡镇卫生院购置配备救护车共计5台,均已投入使用;分别落实万民镇中心卫生院、李家镇卫生院急救设备设施配置项目资金116万元、130万元。最后,在基础设施投入方面。获浙江省东海市支援李家河镇卫生院慢病管理中心信息化及设施建设项目资金70万元,该项目目前已全部完工;落实湖北省裘县侗族乡中心卫生院整体搬迁建设项目资金430万元,已顺利竣工并投入使用;湖北省裘县中西医结合医院获东西部扶贫协作项目资金 60 万元用于设置医院血液透析室,解决了湖北省裳县万民镇血透病人就近就医之便。

三、实施概况:易地搬迁"村改居"工作

近年来,湖北省裳县把易地扶贫搬迁工作作为脱贫攻坚"头号战役"和"标志性工程"推进,搬迁安置以来,湖北省裳县共建设集中安置点 56 个,集中安置 9135 户 32200 人,集中安置率达到95%。其中:居住人口 2000 人以上 4 个,居住人口 1001—2000 人5 个,居住人口 1000 人以下的有 47 个。自 2019 年 8 月被湖北省民政厅确定为第二批湖北省社区治理和服务创新试验区以来,湖北省裳县积极探索易地搬迁安置点地区设立新社区。目前,全县8 个乡镇的易地搬迁安置点都设立了社区居民委员会。

1. 易地搬迁的组织架构、制度保障和运行机制

2016 年 2 月,湖北省裳县成立了精准扶贫"五个一批"工作领导小组,其中易地扶贫搬迁脱贫一批领导小组由县长任组长,常务副县长为常务副组长,2 名人大副主任、1 名政协副主席、4 名副县长任副组长、31 个县直相关职能部门主要负责人及 9 个乡镇党委书记为成员;县委书记亲自研究部署、督办易地搬迁工作,并深入安置点、搬迁户调研。尤其是 2018 年,湖北省裳县县长召集县委常委(各乡镇前线指挥长)、各乡镇党委书记、乡镇长、乡镇分管领导、县直相关职能部门,将易地扶贫搬迁推进会开到易地扶贫搬迁安置点上,现场研究解决工作推进中遇到的困难。在建立组织体系的基础上,不打断健全易地搬迁制度,制定《裳县"十三五"易地扶贫搬迁规划》《裳县易地扶贫搬迁安置点规划》《裳县易地扶贫

搬迁实施方案》《裹县易地扶贫搬迁工作成效考核办法》《裹县易地扶贫搬迁资金管理实施细则》等系列文件，严守人均面积不超25平方米、不因搬迁举债、搬新必须拆旧的"三条红线"，确保资金使用安全。落实事前、事中、事后全程监管机制。

成立湖北省裹县发改局、住建局、自然资源和规划局等8个部门组成的易地扶贫搬迁集中安置点现场踏勘选址工作小组，对安置点选址布局实行现场踏勘签字确认，分7次完成56个安置点选址工作；成立易地扶贫搬迁工程建设专班、对象锁定专班、社区"1+6"配套专班(社区建设专班、招商就业专班、农业产业专班)、资金监管专班，负责易地扶贫搬迁工作正常运转；推行易地扶贫搬迁安置点领导包保责任制，一名县领导负责包保联系几个安置点；成立易地扶贫搬迁集中安置点规划审查委员会，集中审查集中安置点规划设计，2016年12月完成全县56个安置点规划评审工作；有县乡村三级易地扶贫搬迁工作专班，细分易地扶贫搬迁领导小组办公室成员职责，每一项工作落细落小、落实落地。

建立四大机制，推进易地搬迁。一是建立强力督办机制。按照日报告、周通报、月评比的模式，湖北省裹县县委、县政府两办督查室和县易地扶贫搬迁办全面加强对易地扶贫搬迁工作的督办检查，并进行量化排名，排名处于后三位的乡镇，第一次作通报批评处理。连续两次处于后三位的乡镇主职，由县长进行约谈。连续三次处于后三位的乡镇主职，由组织部门作出相应的处理。二是建立移动办公机制。面对信息沟通不畅，情况掌握不及时的问题，建立湖北省裹县易地扶贫搬迁微信工作群，将县长、分管副县长、各乡镇党委书记、乡镇长、乡镇分管领导、县直相关部门主要负责人和县易地搬迁办工作人员全部纳入其中。通过移动终端，乡镇可随时随地向领导汇报进展、反映问题,领导亦可及时指导、快速掌握情况,大大提高了工作效率。三是建立县"四大家"领导包保机制。建立健全了覆盖县"四大家"所有领导的易地扶贫搬迁集中安置点联系机制,确保各安置点都有一名县级领导挂帅,指导、督促和协调各项工作。县委对包保领导到点指导情况也进行定期督办,督办情况直接上报县委书记。四是建立快速推进机制。在湖北省裹县易地扶贫搬迁工作决战动员会上,明确对全县易地扶贫搬迁要按照有资质的施工队伍施工、有资质的监理机构全程监管、有健全的质量安全保证措施、无干部个人私利、让搬迁户满意的"三有一无一满意"要求,进一步简化工作流程,迅速开工建设。

2. 易地搬迁"村改居"的政策倾斜和制度保障

自 2018 年搬迁群众入住湖北省裹县 Q 安置点社区以来,湖北省裹县县委、县政府高位推动,坚持以搬迁群众为主体,重点突出搬得出、安置好、有收入,向移民搬迁户倾斜的各种优惠政策越来越多,杜绝"新贫困户""移民空城"等情况发生,为他们住在宽敞舒服的新房子,提供很多便利和发展空间,真正让移民搬迁群众有了"好房子",多了"好路子",鼓了"钱袋子",来了"好日子",力促实现移民变市民。具体实施的政策如下:

一是优惠住房方面。安置房以户为单位,人均住房面积为20—30 平方米,单套面积人均不足 20 平方米的可同时申请购买两套 50 平方米住房。按照相关政策文件,移民安置房成本价为住房建筑成本,不包括土地费、道路、给排水、绿化、亮化等基础设施投入。用公(廉)租房安置的,同时享受整合易地扶贫搬迁和公(廉)租房政策。Q 安置点社区的房屋面积有 75 平方米二室一厅一厨一厕户型和 90 平方米三室二厅一厨一厕户型,安置房价格为 1893 元/平方米。安置点搬迁对象在县人民政府规定时间内入住按每平方米 400 元给予奖励(1493 元/平方米)。移民搬迁后,安置户还可以申请办理房屋产权登记,由县易地搬迁办协助搬迁对象办理《房屋所有权证》,五年内不得上市交易;办理《房屋所有权证》后居住满五年的,再按相关政策补交土地收益金及各种税费后方可办理完全产权。同时规定,将所购移民安置房上市交易的家庭,不得再次申请移民安置房。

二是住房补助和奖励政策方面。建档立卡贫困人口人均住房补助 2 万元;签订旧房拆除协议的,每人奖励 1.5 万元。具体奖励时间和办法按省州有关文件规定执行;鳏寡孤独残("三无"人员)等特困户,由政府根据家庭实际人口统一提供相应的安置房,免费居住,产权归政府所有,也可结合民政供养服务机构进行安置。

三是引导就业方面。以"5 个 100 工程"建设为依托,积极引导搬迁对象尽快实现就业。对于吸纳一定比例搬迁对象稳定就业的企业,地方税和税收地方留成部分予以适当减免。积极组织搬迁对象参加职业技能培训,提高青壮年劳动力职业技能,增强就业能力,促进更多搬迁对象实现转移就业。大力推动创业带动就业工作,引导符合条件的搬迁对象通过创业实现就业,对于自主创业的,享受当地创业场所租赁补贴、自主创业补贴、创业担保贷款等优惠政策,申请就业小额担保贷款则由财政全额贴息。搬迁对象新创办和以吸收易地扶贫搬迁对象就业为主的新办微型企业,按规定享受"3 个 15 万元"的扶持措施。公益性岗位重点向搬迁对象倾斜,优先安排"4050"人员和就业困难的家庭成员。鼓励企业招用搬迁对象中的"4050"人员,对符合条件的可按规定享受社会保险补贴。实行易地扶贫搬迁就业信息专项统计制度,把易地扶贫搬迁就业纳入公共就业管理和服务的范围。凡是男 18—60 周岁、女 18—55 周岁的易地扶贫搬迁劳动力,以户为单位,可向现居住地申请加入工会组织,连续 3 年享受 1000 元工会贫困补助;对贫困人口且已年满 60 周岁无力缴纳城乡居民基本养老保险费的,由县财政按最低缴费标准缴纳。万民镇负责人表示:

> "今年开春之际,我们在移民安置点小区广场就举办街道 2021 年节后就业专场招聘会,40 余家企业现场招聘,提供近千个用工岗位。"

同时,依托安置点内扶贫车间、临时农贸市场、物业公司等多措并举做好就业服务工作。目前,搬迁群众中劳动力就业率 88.64%,劳动力家庭一户一就业率达 100%。在此过程中,湖北省裘县相关部门还制定了具有可操作性的支持政策,在项目、资金上给予倾斜支持,引导和扶持搬迁对象从事种养业、加工业、乡村旅游和商贸运输等。对新增就业岗位优先安排搬迁对象的产业化项目,在专项资金上予以重点扶持。

四是盘活资源方面。对承包耕地进行确权登记颁证,做好山林地的权属界定,加快实施旧房拆除和宅基地复垦,复垦后形成的土地分类确权颁证给搬迁户,赋予搬迁户相应的承包经营权,确保搬迁群众按照政策享受的各项土地惠利不变。同时,规定新增建设用地计划指标优先保障易地扶贫搬迁工程用地需求,在安排年度新增建设用地指标时计划单列。国土部门充分利用城乡用地增减挂钩政策支持易地扶贫搬迁工作,及时组织拆除旧房,复垦旧宅基地、旧村庄。城乡建设用地增减挂钩指标全部用于易地扶贫搬迁。允许城乡建设用地增减挂钩节余指标在县域范围内使用,节余指标收益全部用于支持易地扶贫搬迁。此外，推进农村资源变资产、资金变股金、农民变股东改革，将搬迁户应享有的政策性惠农补助资金和土地承包经营权、林权、宅基地使用权、房屋所有权等折股量化给搬迁户，让搬迁户按股分享经营收益。迁出地芦山村毛书记告诉我们：

> "老百姓的土地如果他出去了，他多数送给朋友代种，要不就是送给隔壁邻居，要不就送给自己的叔伯兄弟，要不就是村里面帮他们代管，就是这样的。然后回来的时候亲戚朋友会送一两担谷子，一般都是这样。"

五是土地流转经营方面。对有流转价值的承包地、山林地，引导组织搬迁群众采取市场化方式进行流转经营；一时难以流转的，可由县级国有经营实体按保底价收储流转或统一打包开发经营；不能耕种的承包地实施退耕还林，优先安排宜林荒山造林，搬迁群众因地享有的涉林政策性补贴维持不变。同时，建立健全易地扶贫搬迁土地承包经营权流转制度，采取"三块地+平台公司+合作社+村集体+农户"的土地流转经营模式，由合作社统一有偿流转"三块地"给湖北省裘县扶投公司开发经营，将原有土地承包经营权由集体经济组织统一转包、出租，转让。按照不同的开发形式，建设规模种植、养殖园区；实施宜林宜草开发和恢复性生态保护建设；发展庄园经济、乡村旅游等产业。移民搬迁群众继续享受土地承包经营权和各项惠农政策，由农户自行拆旧复垦的当地政府按人均3000元给予补助，流转后的"三块地"所产生收益归移民搬迁户所有。移民搬迁后原有的旧村土地、山林、耕地所有权不变。推进耕地、林地流转、入股，增加移民租金和股金收益。县农业农村部副部长表示：

"我们通过抓好三块地的确权工作——农村的承包地、山林地和宅基地的确权登记,并进行颁证,解决了他们的后顾之忧,让这些搬迁群众吃上定心丸。这样他就不再担心家里面的宅基地、土地、林地被人家占用,也就是说依法保留了搬迁群众在农村的宅基地的权益。同时,我们鼓励搬迁出来的农户,把土地流转出去,让村里面发展产业,搞种植、搞养殖。同时对搬迁出来的群众,我们也是全部让他加入村里面的合作社,虽然像现在合作社没有多少收入,但是随着今后的不断发展壮大,这也会给他们带来一些收入。像芦山镇这边,就有一个蛋鸡厂,做得不错,都是有分红的。"

六是公共服务和社会保障方面,移民户是否迁移户口,由移民户自主选择。愿意将户口迁入安置点社区的,将纳入社区常住人口,按属地管理原则,与社区居民享有同等的教育、医疗卫生、养老保险、失业保险、社会救助、社会福利和慈善等社会保障政策。不愿意将户口迁入安置点社区的,移民在原住地享受的最低生活保障、医疗救助、新农合补助、养老保险等政策不变。例如贫困户搬迁后继续享受教育扶贫资助政策,即高中阶段(含中职)"两助三免(补)"[国家助学金、扶贫专项助学金、免(补助)学费、免(补助)教科书费、免(补助)住宿费],普通高校本专科(含高职)"两助一免(补)"[国家助学金、扶贫专项助学金、免(补助)学费],所涉免费(补助)项目不允许先收后返;配置安置区域医疗卫生服务站所,为搬迁群众建立健康信息档案,为患病搬迁群众建立医疗精准扶贫救助档案和治疗方案,满足搬迁群众最基本的看病就医需求。定期组织县级以上医院医务骨干到安置区开展巡回医疗服务,在县、乡两级医疗卫生机构为搬迁群众开设医疗"绿色通道",

提高对搬迁群众的医疗服务质量。

七是就学方面。将保障移民搬迁户子女入学所需经费纳入各级政府年度财政预算,通过配套建设学校或指定学校接收等方式,方便移民搬迁群众子女就近择优入学。针对建档立卡搬迁户子女,从上幼儿园至大学,均可享受"一个学生一张银行卡"每月200元补助。座谈中,湖北省裘县教育局潘局长告诉我们:

> "在易地搬迁过程中,这些孩子到配套学校就读以后,我们主要采取五项保障措施:一是控辍保学。因为西部地区和东部发达地区不一样,很多孩子属于留守儿童,父母长期在东部沿海地区打工,所以他们主要是跟自己的爷爷奶奶一起生活。有些是单亲家庭,对教育不是很重视,所以这些孩子在学校会产生一些厌学的情绪。我们按照中央的要求,实行动态控辍、清零,我们各个地方的党委政府要亲自抓,各个乡镇的书记、镇长,包括我们街道的书记、主任,都签订工作保全的责任书。每个学期开学之初,我们都会对这些到校的学生进行一个清零统计。对于没有到校的学生,我们逐级去落实责任。然后派校长、班主任和家长一起把这些孩子劝返。这个工作也在不停地做,每个星期我们都在调度,每个月我们都在统计,都在不停地开展工作,确保能够真正实现义务教育阶段没有辍学的学生。二是落实好学生资助。学生资助是我们国家对贫困学生的一个关怀。它涉及很多方面,比如说,有学前教育的幼儿资助、义务教育阶段家庭经济困难寄宿生生活费补助、普通高中的家庭助学金、普通高中免学费、中职国家助学金、中职免学费、学生生源地信用助学贷款等资助工作。这项工作我们也非常重视。三是完善设施。完善设施就是根据我

们搬迁点的布局,同时进行科学规划,包括幼儿园、小学、初中的合理布局。四是强化师资队伍建设。我们就把易地扶贫搬迁子女就近配套入学,作为重要工作。因为学生稳定了,家庭才真正稳定。对于教育系统来说,师资队伍不足是个很大问题。我们按照总书记的要求,按照我们编办的要求,把我们那些在编在职老师从乡镇城区,按照易地搬迁学生数,按照一定的师生比全部配齐。五是学校管理。因为我们这些学校都是新建学校,那么在管理上可以说实现了后发赶超。虽然是新生学校,但是它起点很高。这些学校的校长都是一些德能等各方面都非常优秀的名校长、名师担任校长。我们说有一个好校长就会有一个好学校,按照这样的思路去配齐配强我们的校园领导班子,希望通过优质的管理去提升学校的知名度和社会美誉度,以及自身的吸引力,让这些孩子能够安心、快乐的在学校里面学习成长。"

3. Q 安置点社区治理的实践探索

Q 安置点社区位于万民镇,由该镇 46 个村的 1515 户 5594 名贫困群众组成。该安置点于 2018 年 10 月翻牌为社区。Q 社区居民社会保障兜底率 20.6%,60 岁以上居民占比 20.8%,"三留守"人员多。为确保此类贫困群众"搬得出、稳得住、能致富",Q 社区先行先试,以党建引领为核心,突出管理和服务双轮驱动,坚持政府治理、社会调节、居民自治的三位协同,做到自治、法治、德治和智治四治融合,进一步提高了社区治理水平,提升了居民的幸福感和获得感。

首先,Q 社区坚持以党建统领社区治理,加强社区党组织建设,在规范支部活动的基础上,派尖刀、亮身份、强引领,确保基层党建工作更好地融入搬迁、服务居民、推动发展。2018年搬迁之时,镇党委选派优秀党员、业务骨干到社区组建"尖刀班",成立了Q社区安置点党支部,建立了水电入户、心理疏导、宣传发动、就近就业和政策申报5个党员突击队,全力解决群众搬入新居遇到的各类突出问题。调研中,易地搬迁办肖主任告诉我们:

"搬迁初期,因贫困户对易地搬迁政策理解有偏差,导致随处都能听到'你要是搬迁了,你家的田土山林都要交给国家,就什么都没有了','住到安置点后,别人都晓得你家是贫困户,以后儿子找儿媳妇都会被人嫌弃','搬到安置点后怎么办,只有喝西北风啊'等给政府初期的工作造成很大困难。"

"有一家农户,搬不搬思想动摇了很久。工作人员第一次去了解情况时,他说:'我不搬,你们给我修一条路到我屋就行,其他不要你们再管了';第二次上门时,他担心老房子拆除后原宅基地被村里收走;第三次去他家时他担心别人说他好吃懒做;第四次去他家时他担心没有地方喂猪种菜;第五次去他家时他又担心安置房质量不行。搬迁过程中有很多这样的搬迁户,都是我们尖刀班战士一次次登门解除顾虑的。"

Q安置点社区成立后,聚焦党员先锋模范作用的发挥,社区党支部组织全体党员"亮明身份、服务群众",农村党员在家门口张贴标识,亮明身份,积极为邻里提供服务。通过支部主题党日对党员开展日常服务能力培训,牢记便民服务流程,社区居民普遍形成了"有事找党员,只要跑一遍"的共识,党员成为社区居民的"主心骨"。同时,在社区党员中挖掘宣传有思想、有行动、有影响的优秀党员典型,通过群众的身边人、身边事,引领群众构筑和谐的邻里关系。

其次,Q社区将服务和管理融于网格,整合网格员、楼栋长、志愿者等人员力量,将群众诉求发现于网格、矛盾纠纷化解于网格,贴心服务传递至网格,全面提高社区执行力,进一步化民忧、解民愁。Q社区把社区细分为6个网格,由6名镇党委委员牵头,配备6名专职网格员,对接20名楼栋长,各楼栋长对服务居民如数家珍,实现细密网格全覆盖。为回应群众所需,Q社区建立完善了全程代办服务机制,涉及林业、国土、公安、民政等部门事项,社区服务站全程代办或网上办理。

最后,Q社区创新"四治融合",引领社区共建共治。为了激发自治的内生动力,社区成立邻里互助理事会,组织居民积极参与安置区活动和管理。利用"出彩家庭""出彩安置小区"等形式宣传主动就业脱贫典型,营造因懒致贫可耻、就业致富光荣的社会氛围,激发搬迁群众就业脱贫的内生动力。每个安置区建有面积不低于300平方米的文体活动广场,定期组织群众开展广场舞、唱山歌等活动,支持易地搬迁群众常态化开展精神文化生活。为扎实推进平安建设,Q社区成立调解委员会,有效预防和就地化解矛盾纠纷,同时配备法律顾问,定期开展法律知识培训,组织开展法律进社区,提高社区治理法制化水平。

第二节 东西部协作型易地搬迁
"村改居"社区的联结

易地搬迁"村改居"虽然取得了很多成效,但也面临诸多联结难题。首先,从"村委会"到"居委会"过程中,基层组织出现了组织体系转换、集体资产处置、物业管理兜底等难题。其次,从"农民"到"居民"过程中,居民出现日常生活方式变化、安土重迁的文化情结、红白喜事的习俗转变等社区文化适应难题。最后,在"谋生"过程中,社区出现了农民再就业、就业双方匹配难题、过度依赖专家问题和低收入群体生活保障等居民生计保障难题。

一、从"村委会"到"居委会":基层组织转型

1. 组织体系转换

Q 安置点成立后,易地搬迁中大量来自不同地区的贫困户进入后,由于搬迁群体的数量庞大,文化各异,社区出现了综合服务下降、人员安排不够和经费不足的情况。为推进易地扶贫搬迁集中安置点顺利推进,在湖北省民政厅的支持下,裴县先行先试在1000 人以上的安置点成立单独社区。但是在开展活动和做社区项目规划时,碰到了真问题。万民镇党委方副书记在带领我们熟悉 Q 安置点时,告诉我们:

> "第一个就是我们人员不足的问题;第二个是专业性的问题;第三个是经费的问题。"

作为国家整合社会的基本单元,社区承担了大量的行政职能,如何剥离原本不属于社区承担的行政职能,让社区回归自治本位,是基层组织转型的重要挑战。

2. 个人和集体资产处置

农村集体资产建制是农村社区现代化发展的决定性因素,是国家现代化进程的基础性构成,是中国现代化道路区别于他者的关键所在。"村改居"后,越来越多的"村改居"社区走上了集体资产股份化、公司化建制道路,扩大了中国农村集体资产类型的多样性。随着基层组织的变化,如何经营、管理、处置集体资产成为一个亟待探索的课题。① 在 Q 安置点"撤村建居"之后,Q 安置点社区的居民宅基地原则上是依法征用转为国有;在集体资产的处理上,Q 安置点社区居民,对原村集体资产享有不变,严禁非法侵占私分和破坏。访谈时,Q 社区黄副主任解释道:

> "易地搬迁的政策是土地山林承包面积不变,所有的补贴归易地搬迁户,只是他的宅基地得复垦,植绿、种菜。但很多老房子,祖祖辈辈(有些几百年)住的,不愿意拆。我们花了大量精力去做工作。拆掉之后,土地指标拿到省里交易,才有资金去偿还易地扶贫搬迁债券。设计是这样的。"

3. 物业管理兜底

在村落中,村民"各家自扫门前雪",由村委会代表村民对道路、灌溉设施等公共空间和设施进行管理。进入易地搬迁安置点

---

① 周大鸣、周博:《村改居后集体资产问题的思考——以珠三角为例》,《社会学评论》2021 年第 1 期。

社区后,一方面,Q 安置点社区物业管理的规范性和可持续性较差,物业管理工作人员大多是开发区、原镇村的转岗人员和安置的农民,缺乏管理专业知识,影响物业管理的规范化和质量。[①] 另一方面,绿地、健身场所、电梯等大量公共空间和设施出现,也超出了村委会的管辖范围。在城镇商品房小区,物业管理一般聘请物业公司进行管理,业主缴纳一定的物业费并对物业公司进行监督,物业公司需要以"物业管理"的形式依据《物权法》《物业管理条例》等相关规定进行治理。[②] 但是,易地搬迁安置点 Q 社区的居民们还没有"业主"意识,也不支持缴纳物业费,当然很大一部分居民没有这个能力缴纳物业费。因此,该社区的物业管理以及房屋的公共维修等都需要政府来兜底。长此以往,会对社区及基层政府的财政造成很大的负担。分管湖北省裹县拆迁安置的副县长表示:

> "易地搬迁安置社区目前主要靠政策扶持。我们在探索能不能收一点物业管理费,但实际操作中,老百姓不太支持或者说没有这个能力。全部靠政府兜底,是不可持续的。我们还想通过成立业主委员会或者是红色物业的方式(这个由老百姓自己定),最终肯定要走由物业公司专门来管理的方式。"

二、从"农民"到"居民":居民的社区文化适应

易地搬迁安置社区群众来自相对封闭的山村,受根深蒂固的

[①] 赵美英、李卫平、陈华东:《城市化进程中农民集中居住生活形态转型研究》,《农村经济与科技》2010 年第 11 期。

[②] 吴莹:《空间变革下的治理策略——"村改居"社区基层治理转型研究》,《社会学研究》2017 年第 6 期。

传统农耕生产生活方式的影响,学习和掌握新的生产技术和方法少,移民自身科学文化水平较低,难以参与或承担移民安置区的社会管理和建设重任。加之因民族、地域、文化、生活习惯的差异导致移民新区社区群众生活融合度低,搬迁后没有进行充分统一的主流文化建设,对搬迁户由"村民"转为"居民",这一身份的变化所带来的搬迁群体在个体情感,特别是对新环境的难以适应和融入问题关注程度不够。Q安置点农户从边远村落、散居模式集中到一起生活,习惯养成、环境适应、邻里相处、公共区域日常管理等都是棘手的问题,主要表现如下:

1. 日常生活的方式变化

费孝通在《乡土中国》中说道,"在变迁中,习惯是适应的阻碍,经验等于顽固和落伍,而顽固和落伍会是生存机会上的威胁"①。聚焦搬迁群体,最关键的是其习惯能否与新场域形成良性的相互建构过程。村民搬迁到新居住地后,既有来自不同搬迁地村民的文化交流,也有搬迁对象与当地文化习俗的整合,不同文化习俗的交融将是一个长期的过程。通过易地搬迁,居民生活的基本条件和基础设施有很大的改善。但是,从农村的自建房到城镇的商品房,居民生活的物理空间发生了巨大的变化。农村的生活方式无法适应城镇的社区生活方式,很多居民产生了不适应。特别是在易地搬迁群体中,老年人留在家里较多,学习能力较慢,他们的生活习性很难短时间改变。从日常的用火、用水、用电到家务的摆放,这些日常生活方式的转变都是需要社区工作人员的引导

---

① 费孝通:《乡土中国》,北京出版集团公司、北京出版社2011年版,第99页。

和培训。

社区针对55岁以上的老人，Q安置点不定期开展各种各样的免费培训，诸如挖掘机、月嫂、司机、厨师等项目，但这些项目都是老人非常陌生的领域，加之年纪较大，使他们更加难以适应和学习，也导致老年人找工作困难，找到的工作也并不理想。此外，由于老年人对于陌生的新环境适应能力弱，对于非本土文化的接受、新的社会关系的建立也更加困难。

问：你们是怎么教育他们的？

答：要手把手教他们干什么、怎么干，比如洗澡，在农村的时候，他们就不经常洗。到这边来天气热，所以我跟他们说，夏天你至少隔一天要洗一次，然后冬天可以稍微长一点，隔个两三天这样子。还有乱丢垃圾的事，去年我们就借创全国文明卫生城市这股东风，对整个搬迁的居民生活习惯进行了规范。

市场经济下的现代生活在居住条件、风俗习惯、公共参与、社会交往等方面与传统农村有着较大差别，环境的迅速转变使搬迁群众有些束手无策。如果不能快速地适应和融入，长此以往即便在生计方面能得到有效保障，也会因为生活方式的格格不入而产生自卑感、厌烦情绪甚至是痛苦，这对于搬迁户产生的消极影响不容忽视，对整个脱贫成效也会产生较大的影响。

2. 红白喜事的习俗转变

在我国的不少地区，都有红白喜事的传统习俗。湖北省裹县地区百姓对红白喜事自古以来就十分注重。按照湖北省裹县地区的土家习俗，棺材需要在家放置一段时间，并请道士进行作法。农村大多是独栋的居住空间,不会对邻里造成影响。但在商品房小区,在一幢建筑单元内居住了几十户的居民,居民在自家举办红白喜事难免会影响邻里生活。观念不适应、生活习俗不适应、思想观念上产生抵触,成为农民生活形态转型的障碍。他们虽然通过集中居住获得了形式上的市民身份,但是在思想意识上一时还难以接受这些改变,他们仍然使用"地方性知识"①来理解和形塑变迁了的环境,因而出现了身份认同与角色实践上的偏差,造成了新市民身份与传统思维方式、行为习惯在农民身上的矛盾与分离。在去往 Q 社区的路上,湖北省裴县民政局杨副局长告诉我们:

> "按照州里的要求,所有县市将逐步推行火化。针对安置点居民,政府就殡葬这一块,一个是集中安置,一个是公墓。我们这里很多人年轻时就打好棺材了,安置点居民老家房子拆掉了,那棺材存放要考虑。老年人去世,按照土家习俗还要放几天,晚上道士还要作法,势必对周围居民有影响。今天要去看的安置点,政府在一楼预留了架空层,大概有 600 多平方米,社区所有红白事都放在那里。里面配套了厨房、桌子板凳,这些都免费给他们用的,目前主要由社区红白理事会来运转。政府给社区配好,具体事务得由他们自己来。"

3. 安土重迁的文化情结

中国农民存在安土重迁、告老还乡的文化观念,对家乡有一种难以割舍的情感。在乡土社会我们每个人生活在"差序格局"②的

---

① ［美］克利福德·吉尔兹:《地方性知识》,王海龙、张家宣译,中央编译出版社 2000 年版。

② 费孝通:《乡土中国　生育制度》,北京大学出版社 1998 年版,第 27 页。

熟人社会之中。由于易地搬迁，村民原来以血缘和地缘为纽带的社会关系网络受到破坏，密切的邻里交往减少了，到城镇商品房的陌生人社区，很难在短时间内建立新的社区认同。他们对农村和亲友的眷恋心理，对农村生活习惯的眷恋心理，对新生活环境存在不适应心理。迁出地镇干部张先生告诉我们：

> "作为一名乡镇干部，搬迁前最困难的还是老百姓的思想动员，他们顾虑：一是到城市生活之后，生活成本增加，比如物业费、每天吃穿用、柴米油盐的开支比老家要多得多。二是谋生的能力和水平有限，担心适应不了城市的生活。具体到每一家庭，老人有老人的想法，中年人有中年人的想法，年轻人有年轻人的想法。老年人担心后事问题，就是担心殡葬改革，中年人担心，比如说老人帮不了他带娃娃，带不了小朋友。如果他在老家住的话，兄弟姊妹都在老家，可以帮他照看一下。我们这边少数民族地区在老家的事情参与度不高，亲朋好友各个方面，对你的反馈或者说帮助也会逐步降低。所以这也是家里面老年人特别突出的思想顾虑。"

易地搬迁政策规定搬迁群众搬下来一年半内，需要对其旧房进行拆除，复垦复绿。但是较棘手的一大难题是如何消除"两头住"现象。调研发现，目前年轻人在安置点住、老人回老家住的现象比较多；还有是父母或年轻人全部外出务工，小孩在安置点无人照看，只好送回老家，委托家中亲朋好友帮忙照看的情况也比较普遍；加上一些搬迁群众农忙季节需要回去进行农业生产，一下子离不开他们以前的生活圈，造成了两头住、两头跑现象比较严重。调研中，多位乡镇干部反映：让贫困户安心稳定入住城市的政策不能操之过急，需要有个适应期：

"我们国家是个人情社会,他住哪里,应该有个过渡期,不要'一刀切'。总书记也说过,我们不要断了外出务工人员回家的路,假如城市生活不下去,应该允许他们回去。消除两头住的要求不能太苛刻,比如说兄弟姊妹家造房子,他们又没事,去帮个把月两三个星期不要紧。如果能够在这方面开个口子,基层工作就不会那么难了。"

虽然国家高层对精准扶贫提出了严格要求,但由于多种原因,使地方政府对于扶贫政策未能得以精准执行。[①] 在近几年全面推行的易地扶贫搬迁中,搬迁遇冷的情况时有发生,使政府为贫困地区困难群众精心设计的易地扶贫搬迁方案很难充分落地。[②]

三、从"搬迁"到"谋生":社区居民生计保障

1. 再就业方面

易地搬迁人群面临如何再就业的问题,这不但关系到农民的长远生活保障,同时也关系到国家和社会的和谐与稳定。[③] 由于政治方面准备不充分等原因,导致异地扶贫变迁政策中,出现迁出地、迁入地"双重脱嵌"[④]衔接的困难。移民进入新的地区以后,土地面积变小,不再有可以利用的山地和林地,农业收入的多

---

① 何阳:《论精准扶贫政策的不精准执行与治理——基于扶贫案例的分析》,《当代经济管理》2017 年第 7 期。

② 白永秀、宁启:《易地扶贫搬迁机制体系研究》,《西北大学学报(哲学社会科学版)》2018 年第 4 期。

③ 吴婧:《失地农民的再就业困境及就业率提升的路径探索》,《江苏社会科学》2017 年第 3 期。

④ 许汉泽:《"后扶贫时代"易地扶贫搬迁的实践困境及政策优化——以秦巴山区 Y 镇扶贫搬迁安置社区为例》,《华东理工大学学报(社会科学版)》2021 年第 6 期。

样性降低①，加之就业意愿及就业文化的影响，导致移民的就业需求与迁入地的用工需求出现了矛盾。

一部分易地搬迁劳动力实现就业意愿不强。未实现就业的易地移民搬迁劳动力，主要是照顾家人、照顾病人、待考、待孕、临时待业、身体伤病等原因，实现就业意愿不强，提供就业岗位推荐服务存在难度。另一部分易地搬迁就业稳定性不高。部分易地搬迁移民安置到移民小区后，因年龄、文化、身体等原因，在市区从事临时建筑，贩卖水果、小商品、路边小吃等灵活就业，收入不够稳定。镇副书记表示：

> "我们花了很大的力气，引进了扶贫车间、服装加工，工资待遇也不低，有 3500 元的、有 4000 元、5000 元，最高是 7000 元，但是普遍招不到人、招不满人，存在用工短缺的情况。社区已开展了 83 期的技能培训，但回访发现，不是说学了厨师，出去从事的就是厨师职业，培训和就业方向有点脱钩。"

此外，部分搬迁劳动力习惯于不受时间、制度限制的自然劳动，深受传统农业思想的影响，不愿意到扶贫车间就业，也导致了用工和就业两方面的矛盾。走访扶贫车间时，服装公司老板林总告诉我们：

> "这些工人，以前是拿锄头的，是站着的，现在让他们坐着，要有个适应过程，这是第一个；第二个，他们种地时，早上 10 点去种也可以，8 点去种也可以，但我这里就不一样，公司

---

① 王晓毅：《移民的流动性与贫困治理——宁夏生态移民的再认识》，《中国农业大学学报(社会科学版)》2017 年第 5 期。

它有规定的;第三个就是他们节日太多,还有个风俗,就是家里有红白喜事都会去捧场,什么热闹的事情都要去捧场。很多人宁愿去喝酒,也不要上班。"

黄祖辉[1]指出,地方政府在"易地搬迁"扶贫中存在"重搬迁、轻发展"、"重脱贫、轻致富"的思想,使得搬迁安置与搬迁后的发展衔接不够、协同不够,重点表现为"易地搬迁"与脱贫致富和乡村振兴、与政策调整和改革跟进、与产业培育和就业帮扶、与社区融入和管理服务衔接得还不够,相互脱节现象还比较明显。因此,为这些具有劳动能力的人群提供就业岗位,实现脱贫是社区发展的可持续问题。

对于多数移民来说,非农就业存在不稳定性。[2] 由于进行政治移民变迁的大多为贫困户,其所拥有的个人经济能力以及相应的社会资本欠缺。因此,在进行移民后,虽然生态环境以及生活环境发生了较大变化,相较之前有了较大的优势,但是由于迁入社会空间中,进行就业的社会因素及个人因素依旧没有明显的改善,导致用工和就业两方条件不匹配,产生了移民无法充分就业,而用工方无法雇佣合适的员工,两方出现矛盾,致使移民就业仍是较大的经济问题。

2. 生活保障方面

Q 安置点社区中有部分残疾人、老人、慢性病患者、孤儿等无劳动力的群体。这些群体的生活需要政府来兜底。这些群体问题

---

① 黄祖辉:《新阶段中国"易地搬迁"扶贫战略:新定位与五大关键》,《学术月刊》2020 年第 9 期。

② 王晓毅:《易地搬迁与精准扶贫:宁夏生态移民再考察》,《新视野》2017 年第 2 期。

的根本症结之一是其所拥有的社会资源(包括财力、人力、物力、权力、能力、信息等)整体匮乏,由此导致其生活质量的低下与承受力的脆弱。要改变他们的地位,就必须通过外界的帮助使其拥有足够多的社会资源。在社会生活中,他们是社会中一个不可分离的组成部分,救助他们是社会的责任,更是政府的分内职责。由于他们具有经济上的低收入性、生活质量上的低层次性、政治上的低影响力和心理上的高敏感性,非常脆弱,如果仅仅依靠自身的力量是很难迅速摆脱自身困难的。有学者指出救助他们应该充分发挥政府的作用,积极构建救助他们的社会安全网络。[①] 万民镇党委副书记方书记告诉我们：

> "您从后面窗户看到的,原来规划的绿化,现在全部分给群众种菜了,平均一户大概是三分,主要基于这个考虑：一是群众搬下来之后,确确实实存在收入不足的情况。我说的收入不足主要是老年人,有些孝顺的儿女外面打工孝顺的,可能定期给点生活费;有些靠低保兜底的,那么买菜就不是那么大方。二是也解决了他们在山上可能每天都要运动,想劳动的意愿。满足他们这个愿望。"

此外,留守妇女存在再就业及其衍生的家庭矛盾问题。迁入的留守妇女文化水平普遍偏低,大多集中在小学文化。此外,由于过去一直照顾家庭,承担家庭主妇的角色,因此几乎没有可以在市场中进行竞争的社会技能,没有一技之长。并且由于伴侣长期在外打工,夫妻长期分离,家庭矛盾也成为该群体较大的问题。

---

① 吴玲、施国庆：《论政府在救助弱势群体中的作用》,《河海大学学报(哲学社会科学版)》2005年第1期。

3. 过度依赖专家方面

吉登斯认为在现代性的情境下,自我认同的形成越来越成为行动主体的一种积极建构过程,他们依据大量来自抽象系统的知识以规划理想中的自我及其发展。自我反思也成为现代性制度化反思的一部分,个人的决策和行为模式受到专家知识的干涉和指导。[①] 在贫困群体的原有空间中,个体对自己的生活具有绝对的控制权和决定权。但扶贫工作引入了大量的专家系统,专家以工作组的方式进驻村庄,对居民的生产、生活、思想、交往等方面进行直接指导,有些调整甚至是变革性的。这在取得脱贫成就的同时也带来了很多问题。调查显示,对于"输血式"的帮扶来说,发展特色产业、开展劳动技能培训等有助于形成内生性发展动力的"造血"措施不是工作队的首选[②],这使得贫困群体处在被动位置,内生性动力发展不足。这些原本独立的个体,开始习惯于逐渐将自己的多种决定权交与进入他们生活的专家们,专业知识此刻形成绝对的权力,造就了群体信任。

专家系统的介入使得教育水平和反思能力不足的贫困者自我意识逐渐弱化。这种习惯不仅贯穿于脱贫的过程中,在脱贫攻坚收官后依然发挥着重要影响。绝对性贫困消除后一些物质资本如基础设施留在贫困区域继续发挥作用,另一些流动资本如外来的专家逐渐撤离,不仅带走大量的社会资本和智力资源,更带走了基于知识信任的稳定依赖心态。因此,当自我认同陷入困难的情况

---

① [英]安东尼·吉登斯:《现代性与自我认同》,赵旭东、方文译,生活·读书·新知三联书店1998年版,第20—21页。

② 童春阳、周扬:《中国精准扶贫驻村帮扶工作成效及其影响因素》,《地理研究》2020年第5期。

下,贫困主体的认知结构也会受到影响,易地搬迁后个体的内生性动力也会大打折扣。

第三节 迈向"先富带后富"逐步实现"共同富裕"之路

面对基层组织转型问题、居民的社区适应问题以及社区居民生计保障等问题,湖北省裹县 Q 社区基于东西协作项目,按照"稳得住、能融入、逐步能致富"的政策,创新易地搬迁"村改居"社区的体制机制,增加服务供给,促进产业发展,将易地搬迁"村改居"社区逐渐打造成为搬迁群众温馨宜居新家园。东西协作在政策扶持、资金配套等资源倾斜背景下展开的空间实践增强了 Q 安置点社区居民的生计能力,促进了社会空间的发展和社会资本的积累,不断提升安置点 Q 社区多层次的能力。[1]

一、"稳得住":"村改居"社区的体制机制

1. 集中安置和健全机制

地方政府处于国家行政权力体系的最末端,直接面向广大基层群众,是所有组织中与农村关系最为密切的国家政权实体,是连接国家与乡村社会的枢纽[2],肩负着贯彻落实国家各项政策和推

---

① 何瑾、向德平:《易地扶贫搬迁的空间生产与减贫逻辑》,《江汉论坛》2021 年第 5 期。

② 程同顺、邢西敬:《"中心工作"机制:乡镇运行模式的一种解读——基于 L 市辖区乡镇的分析》,《江苏行政学院学报》2018 年第 2 期。

进迁入地有效治理的重要职责。为促进政策的有效落实,湖北省裹县坚持"集中"安置,着眼长远,深入理解"易地搬迁"要义,贯彻城乡一体化发展思路,坚持易地扶贫搬迁以集中安置为主,把集中安置小区布局与新型城镇化结合,将小区配套与城乡公共服务均等化统筹,分类建设一批特色农村新社区,真正实现"挪穷窝",全县易地扶贫搬迁集中安置率达95%,居湖北省之首。同时,按照"五靠近"原则,立足城乡发展实际和发展趋势,整合"最优"资源,坚持统一规划设计,实行领导、专家、评估机构、群众四方把关。湖北省裹县共规划布局16个集中安置区,其中800—3000人安置区11个,3000人及以上安置区2个。将县城周边和乡集镇最好地段新建集中安置点,安置人口占比65%,乡集镇骨架有效拉伸,全县9个乡镇集镇面积扩大13.7%,全县城镇化率提高2.1个百分点。

此外,湖北省裹县通过健全机制,积极探索集体经营、社区服务管理、群众动员组织机制,促进易地扶贫搬迁政策切实落地。一是积极探索集体经营运行机制。湖北省裹县以安置点社区为依托,用好资源资产经营与服务平台,统筹"三个场所"(经营性公司、小型农场和公共服务站)的经营管理,探索股份制现代企业的经营方式,努力盘活迁入地和迁出地两地资源,以实现经营性和公益性统一,确保拆迁群众能稳定就业增收。二是积极探索社区服务管理机制。湖北省裹县在建设安置点新社区过程中,对同乡、同组等具有亲友关系的搬迁群众尽量集中"亲情"安置,以增强搬迁群众的亲情感、安全感、归属感和幸福感。同时,在安置点社区建立党的基层组织和居民委员会,构建社区数字化网格化管理平台,以实现党的领导和群众自治相结合,齐抓共管创建社会治理模范社区。三是积极探索群众动员组织机制。建立搬迁群众动员引导和培训教育新机制,培育自力更生、艰苦奋斗、劳动光荣的意识品质,让搬迁群众热心建设新家园,自觉自愿、群策群力完成易地扶贫搬迁。

2. 创新"1234"社区治理模式

易地搬迁移民社区在实现居住空间变革的同时,也使原有的互助空间、社会交往空间、礼仪空间、心理文化空间和娱乐休闲空间走向瓦解,面临从乡土文化向现代文明转型的过程。在社区治理实践中,唯有加强外生性他治与内生性自治的协同治理[①],才能形成真正意义上的上下互动的和谐社区,实现社区治理的善治。[②]为确保贫困群众"搬得出、稳得住、能致富",Q 社区探索"一核引领、双轮驱动、三位协同、四治融合"的"1234"社区治理模式,即以党建引领为核心,突出管理和服务双轮驱动,坚持政府治理、社会调节、居民自治的三位协同,做到自治、法治、德治和智治四治融合,进一步提高了社区治理水平,提升了居民的幸福感和获得感。

一方面,完善基层社区组织架构,强化党建引领,同步建设社区党组织、自治组织和社会组织。在安置点建立健全基层党组织,实现党组织领导和党的工作全覆盖,健全基层群众性自治组织开展工作的相关制度,确保党的路线方针政策和各项工作在安置点得到贯彻落实。根据《关于裴县易地扶贫搬迁安置点社区建设工作方案的通知》要求,过渡期间社区党组织书记实行选派,其他成员可以从村定补干部、优秀易地搬迁村民或采取以钱养事的方式

---

① 陈顺利、任敏:《内生性与外生性的联动——乡村治理从疏离走向融合的路径选择》,《新疆农垦经济》2020 年第 6 期。

② 郑娜娜、许佳君:《易地搬迁移民社区文化治理的实践逻辑——以陕南 G 社区为例》,《云南大学学报(社会科学版)》2020 年第 1 期。

从公益性岗位产生,每个社区核定"两委"人员5—9名,一年后通过依法选举产生社区"两委"成员。同时,以安置点为单位设立党组织,选派20名国家干部担任党建指导员,组织安置点党员开展组织生活,对无职党员设岗定责,激发安置点党建活力。在9个1000以上人口安置点成立社区居民委员会,乡镇干部在过渡期间担任社区书记、主任,指导参与社区管理;依托中心村管理的安置点负责人与所在村"两委"班子交叉任职,牵头协调和全程代办林业、国土、公安、民政等需要搬迁户回户籍所在村办理的事项。易地搬迁安置社区按每500人(或200户)左右设一个网格(居民小组),配备网格管理员和楼栋负责人,每个网格明确1名网格员,具体负责本网格的工作;每楼栋民主推选楼栋长1人,协助网格员的工作。每个社区成立红白理事会、老年协会、文体协会、志愿者协会4个社区社会组织,为社区居民在红白事务、养老、特殊困难群体日常照料、精神文明需求等方面提供服务。

另一方面,强化居民自治,增强居民自我管理、自我服务能力。大力推进安置点社区民主决策制度建设,建立完善了以"四议两公开"为主要内容的信息公开和议事协商制度,在社区内规范协商基本程序,建立事前提议、协商召集、一事一议和"四议两公开"的内部运行机制。在广泛征求居民意见,组织群众协商的基础上制定了贴合社区实际、务实管用的居民公约,推动搬迁群众参与社区治理。全面实施积分管理制度,根据居民在公共设施维护、公共环境爱护、志愿服务等方面的具体表现进行加减分,居民通过积分向社区兑换米、油等生活用品,动员居民积极参与社区管理。同时,广泛开展出彩家庭、家风评比等各种睦邻活动,引导居民参与社区治理,促进社区居民安居乐业,社区环境和谐稳定。此外,成立邻里互助理事会、推选楼栋长，组织居民积极参与安置点活动、管理等，让大家参与管理、接受管理、协助管理和相互交流和增进友谊。利用"出彩家庭""出彩安置小区"等形式宣传主动就业脱贫典型，营造因懒致贫可耻、就业致富光荣的社会氛围，激发搬迁群众就业脱贫的内生动力。

3.建立正式与非正式治理体系

在中国，党既在政府之中，也在社会之中。[1] 党中央出台的各项精准扶贫惠民政策，依靠农村基层党组织落实到田间地头，各项精准扶贫工作任务，需要依靠农村基层党组织领导群众真抓实干来完成。[2] 依靠党组织的核心领导下，以村镇委员会为主导的正式组织通过不断的成员培训及人才引进，充分合理利用当地生态优势，联合专家系统将知识经验传递给村民，通过多元主体相互合作，打造新社区的内生性动力。

此外，搬迁群体具有其具体独特性，"礼治""面子"的乡土秩序是村民为人行事的文化习惯[3]，需要在尊重、指导和赋能中形塑农民独立、自信的精神品格。为此，非正式组织体系的联合机制、激励机制、舆论引导机制和精英示范机制应成为新社区治理的重要策略，激发脱贫者及全体村民的自信心、学习思考和自我发展能力，改变行为惰性、制度依赖和个体无能的印象，激发搬迁群体的积极性与主动性。Q社区副主任告诉我们：

"有一些老百姓他就不愿意当贫困户，因为他觉得戴上

---

① 郁建兴：《中国地方治理的过去、现在与未来》，《治理研究》2018年第1期。
② 才馨竹：《加强农村基层党建有效推进精准扶贫》，《人民论坛》2019年第3期。
③ 王艳雪：《场域理论视角下农村精准扶贫的困境及其原因——基于内蒙古B村的实证研究》，《社会建设》2019年第5期。

贫困户的帽子,不好听,但是不多。搬迁前,有一次,我们下村把贫困户的牌子挂在他家门上,他很不愿意,立即把那个牌子取下来,还说如果要检查或者怎么样的,他会配合挂上去,但是不想公开身份。他当场就把那个牌子存放起来了。那是我印象最深的一户。"

4.完善社区工作者队伍建设

加强基层社会治理队伍建设是社会治理创新的重要任务。地区之间、城乡之间基层情况千差万别,加强基层社会治理队伍建设,要立足当地人口结构、资源条件、居住特点、生产生活方式、文化传统等实际情况,上下联动、左右协调,以党建引领、整合各类力量、统筹各种资源,稳定和扩大基层社会治理队伍,提升基层社会治理队伍能力,形成各具特点、功能互补的基层社会治理力量体系,增强基层社会治理效能。① 加强社区工作经费保障。湖北省裘县 Q 社区率先申报湖北省易地扶贫搬迁安置点社区治理体制机制建设试点,紧密结合安置点人口规模和当地实际,做到科学设置、合理划分,切实提升社区管理服务水平。湖北省裘县成立了万民镇 Q 社区居民委员会、椒江乡海桥社区居民委员会、李家镇柚子社区居民委员会等 9 个社区居委会,并将工作经费按 20 万元/社区·年的标准纳入财政预算。人口在 1000 人以下(含 1000人)的安置点新增为所在村的 1 个及以上村民小组,纳入所在村村委会统一管理。

制定湖北省裘县城市社区工作者薪酬管理办法(见附件 1),

---

① 龚维斌:《加强基层社会治理队伍建设》,《马克思主义与现实》2020 年第 6 期。

执行社区工作者奖惩制度和工资晋级制度,提高社区工作人员的待遇。根据工作岗位、社区工作年限、相关专业资格水平等综合因素,设置正职、副职、委员和社区专职工作人员四类岗位共18级的登记序列。社区正职岗位等级基准级别为7—18级,社区副职岗位等级基准级别为5—16级,社区委员岗位等级基准级别为3—14级,社区专职工作人员岗位等级基准级别为1—12级,每一等级对应相应系数,1—12级的报酬系数级差为0.02,13—18级的报酬系数级差为0.03(见表4-1)。这些政策既规范了社区工作者的管理,保障和改善了社区工作者的工资待遇,也拓宽了社区工作者职业发展通道。湖北省裘县万民镇Q社区主任指出:

> "以前村委会三年换届,社区网格员也三年一换,刚刚熟悉村情社情就要换。现在社区专门有社会工作者,可长期聘用,他们的收入也纳入财政预算,购买五险一金,工作地位也提高了。社会工作者从社会上招聘,报考的人也多了,优胜劣汰,目前社区工作人员的文化水平、服务水平都提高了许多。我们也实行社区工作者奖惩制度和工资晋级制度,让他们平时工作中更加负责,也更好管理。"(见表4-1)

表4-1　社区工作者岗位等级及报酬系数对照

岗位等级	社区专职工作人员	委员	副职	正职	报酬系数	总金额（单位:元）
18级				34年及以上	1.2	69477.6
17级				31—33年	1.17	67740.66
16级			34年及以上	28—30年	1.14	66003.72
15级			31—33年	25—27年	1.11	64266.78
14级		34年及以上	28—30年	22—24年	1.08	62529.84
13级		31—33年	25—27年	19—21年	1.05	60792.90

续表

岗位等级	社区专职工作人员	委员	副职	正职	报酬系数	总金额（单位:元）
12 级	34 年及以上	28—30 年	22—24 年	16—18 年	1.02	59055.96
11 级	31—33 年	25—27 年	19—21 年	13—15 年	1	57898
10 级	28—30 年	22—24 年	16—18 年	10—12 年	0.98	56710.04
9 级	25—27 年	19—21 年	13—15 年	7—9 年	0.96	55582.08
8 级	22—24 年	16—18 年	10—12 年	4—6 年	0.94	54424.12
7 级	19—21 年	13—15 年	7—9 年	3 年及以下	0.92	53266.16
6 级	16—18 年	10—12 年	4—6 年		0.9	52108.20
5 级	13—15 年	7—9 年	3 年及以下		0.88	50950.24
4 级	10—12 年	4—6 年			0.86	49792.28
3 级	7—9 年	3 年及以下			0.84	48634.32
2 级	4—6 年				0.82	47476.36
1 级	3 年及以下				0.8	46318.40

注:1. 报酬系数按 0.8—1.2 确定,其中 1—12 级级差为 0.02,13—18 级级差为 0.03。

2. 总金额含个人工资和应缴纳的各项社会保险和住房公积金。

二、"能融入":"村改居"社区的服务供给

1. 推行"1+6"管理模式

从散居到聚居的居住方式带来了家庭结构、代际关系、社会网络和社区治理等社会结构和制度的变迁,使移民在搬迁初期生计空间断裂,难以实现社区融合。易地搬迁工程不仅仅是自然居住空间的改善,更是经济空间、政治空间、文化心理空间和社会空间的消解与再造过程。[①] 安置点建成后,搬迁户入住是核心,配套建设是关键。湖北省裘县在易地扶贫搬迁安置点创新推行

---

① 郑娜娜、许佳君:《易地搬迁移民社区的空间再造与社会融入——基于陕西省西乡县的田野考察》,《南京农业大学学报(社会科学版)》2019 年第 1 期。

"1+6"后续管理新模式,即1个安置点6个配套。这能够完善配套设施、便民的服务,引导贫困群众融入新社区,建立移民社区共同体。

一是每个安置点设立一个社区服务中心。安置点按照社区建设标准,参照村级服务事项、服务流程,设立社区服务中心,开展便民服务。选派1名行政干部、安排2名公益性岗位负责易地搬迁点社区服务中心的日常管理工作;分区域或楼栋从易地搬迁户中推选楼栋长,了解民情,转达民意,解决民忧,帮助政府完成好社区的管理和服务,最大限度地减少矛盾,促进安置点和谐。二是每个安置点设立一个就业创业空间。依托安置点标准厂房和一楼架空层设立一个就业创业空间,引进就业工厂和扶贫车间等,易地搬迁户经过培训后,实现楼上居住楼下就业。三是每个安置点设立一个标准卫生室。规模在100户以上或2千米内没有医疗机构的易地搬迁点设立面积不少于200平方米的标准卫生室,实现医疗服务全覆盖,开展健康上门服务,解决易地搬迁户看病难的问题。四是每个安置点设立一个文体活动广场。建设面积不小于300平方米的一个文体活动广场,配备相应的文体设施,丰富易地搬迁群众精神文化生活。五是每个安置点设立一个便民超市。鼓励支持易地搬迁户中有经营能力人员开设便民服务超市,方便群众生活。六是每个安置点设立每户一块菜地。利用存量闲置土地或流转置换,确保搬迁户一户一块菜地,实现搬迁群众日常生活小菜自给,减少生活支出。

2. 重建熟人社区

搬迁居民能否顺利地适应并逐渐融入新生活,是评估异地搬迁政策成效的指标之一。① 迁入地社区是移民的生活空间,也是人们活动的行动场域。② 湖北省裘县 Q 社区始终坚持以民为本情怀,以"搬迁融入"为着力点,明确"6 个 1"工作法并督促实施,即帮助易地搬迁户搬 1 次新家、开好 1 次家庭会议、组织 1 次入住培训、每月 1 次走访、每月组织 1 次院落会或活动、建立 1 本易地搬迁工作台账,让易地搬迁群众"搬家"如"回家",迅速融入社区新环境。万民镇党委副书记方书记解读道:

> "为解决融入问题,我们提了'6 个 1'的服务要求。一是要求开一次家庭会,就是搬迁前,告诉易地搬迁户他们的决定是改变命运的一个关键点,那搬走以后,就变成要到集镇、到城市里面生活了,开一个会把这给他讲清楚;二是要干部帮他们搬一次家,我们这里农村对搬家看得很重,所以我们干部亲自去给他帮忙,搬到安置点上去;三是搬进去以后,我们干部要给他们搞一次入住培训,他们有的门锁开不来,自来水不会用,包括用电、用气等搞一次培训;四是我们干部还每个月搞一次走访;五是要确定每一户有一个就业岗位;六是每个安置点都建一本台账。通过'6 个 1'的服务和前面的一个'1+6'的硬件配套起来,让易地搬迁户搬了以后有这种家的感觉。"

为了推进搬迁对象与安置小区相互融入,打破亲疏、远近等限制,使搬迁对象能尽快融入小区、融入搬迁生活。万民镇在社区派驻主任、副主任各一名,全面负责小区管理工作,以居民自治为切入点,围绕居民的需求引导自我管理,打造"熟人楼栋""和谐楼

---

① 冯柏成:《易地扶贫搬迁居民的社会融入困境与对策——基于专业化社区服务视域》,《中国社会工作》2020 年第 34 期。

② 郑娜娜、许佳君:《易地搬迁移民社区的空间再造与社会融入——基于陕西省西乡县的田野考察》,《南京农业大学学报(社会科学版)》2019 年第 1 期。

栋"，在安置点社区召开搬迁群众广场会，互相接触、互相熟悉、互相认可，从搬迁对象中评选出小区楼栋长、保洁员和矛盾调解员，明确划分职责，负责安置点小区的卫生与治安工作，营造"邻里事，邻里帮""邻里纠纷，邻里和""小区邻里一家亲"的互帮互助互治氛围，充分发挥居民自治功能。

3. 促进青年群体融入

通过多渠道、多途径、链接更多的资源，促进青年群体更好地融入新环境、新社区。一是在资源分配、培训力度、就业渠道等多方面向安置点青年倾斜。二是开展岗位推介，积极了解湖北省裹县青年企业家开办的企业用工需求，组织青年志愿者通过入户走访、电话咨询、创业就业集中宣传等形式向安置点青年推荐就业岗位。三是开展技能培训，开展青年网络直播带货、手工编织、电工、驾驶等培训，提升青年群众就业技能，拓宽青年群众就业渠道。四是提供创业帮扶，大力实施农村青年创业贷款"青扶贷"项目。五是调解矛盾纠纷。畅通安置点青少年权益侵害诉求渠道，加强对安置点青年及未成年人等群体的关爱和权益维护工作。六是搭建社区参与平台。在安置点探索组织成立青年突击队，参与社区治理，引导安置点青年积极参与管理社会公共事务，推动群众工作群众做，实现自我教育、自我管理、自我服务。七是加强法律宣传。司法、民政、卫生等妇女儿童维权联席会议成员单位联动，整合各方资源，经常性组织开展法律咨询与宣传，努力提升搬迁安置点青年群体和妇女儿童学法、用法、守法意识；多形式为易地搬迁群众提供矛盾调解和维权服务，以家庭的和谐促进社会和谐。八是开展文体活动。通过志愿服务等形式，组织安置点青少年开展读书、研学、科普等活动,引导青少年养成阅读习惯、增长科学知识,帮助搬迁群众更快更好地融入社区生活。

4. 促进留守妇女融入

首先,加强搬迁留守妇女思想引领。组织开展文艺展演活动,把党的扶贫好政策编成舞蹈、歌曲、快板等,向广大留守妇女宣传党的好政策。组织开展了"我们的节日——端午节"包粽子比赛活动,增强搬迁留守妇女的归属感和身份认同感。深入搬迁安置点组织开展"争做合格家长　传播文明新风　弘扬家庭美德"宣传活动,引领广大留守妇女自觉践行社会主义核心价值观、传承好家风好家训。

其次,开展爱心助力行动。一是扎实开展健康扶贫行动。主动联动相关部门组织搬迁妇女开展优生筛查、两癌检查,把"母亲健康快车"开进易地扶贫搬迁安置点,为辖区居民开展"两癌"筛查救助宣传、免费义诊,举办"两癌"救助健康讲座,为移民群众身体健康保驾护航。二是扎实开展关爱妇女行动。在春节来临之际,到搬迁安置点开展贫困留守妇女儿童走访慰问活动,为她们送去节日慰问品,搭建起通向搬迁安置点广大妇女儿童的连心桥,让她们切实感受到党和政府的温暖。三是开展了"学党史、强信念、跟党走"党史宣读进社区活动,教育广大搬迁妇女感党恩、听党话、跟党走。

最后,加强矛盾纠纷调解排查,维护妇女群众合法权益。一是建立完善妇女议事等工作机制。整合"妇女之家"资源,完善妇女议事制度,深入安置点指导搬迁留守妇女参议辖区政策落实、管理,开展辖区婚姻家庭问题的调解、咨询,切实保护好搬迁妇女合法权益。二是开展妇女维权法治宣传活动,共创和谐之家。以三八维权周、综治宣传月、禁毒宣传日、国际家庭日、国际消除妇女暴力日、宪法宣传周等为契机,组织开展"法治裘县巾帼在行动""巾帼+暖心行"等法治宣传活动,向搬迁群众宣传宪法、扫黑除恶、禁毒、国安、宗教、防艾、反邪教、安全生产等知识,引导搬迁妇女增强法治和安全意识。三是建立健全维权工作机制。建立婚姻家庭矛盾纠纷调解工作站,明确专人负责开展婚姻家庭矛盾纠纷信访接待和调解工作,线上通过维权热线、线下通过开展维权宣传和整合综治司法资源开展调解工作,从源头预防和减少安置点各类婚姻家庭矛盾纠纷发生,促进社会和谐。同时,安置点妇联组织巾帼志愿者联合社区居委会,定期、不定期地组织婚姻家庭矛盾纠纷排查工作,对辖区重点家庭进行排查。

5. 开展老年人服务

Q社区搬迁对象中贫困老人居多,为了让老人们能享有幸福的晚年,从关注贫困老人做起,打造感恩社区。一是从老人多年从事农业生产的习惯出发,在小区修建一间农具存放处并为每户搬迁对象划分一块菜地(33平方米),满足老人日常生活生产需要;二是创办积分兑换超市,设立积分管理兑换制度,根据搬迁户日常行为表现进行加分和减分,当积分到达一定数值,即可兑换米、油、热水壶、电饭煲等,着力引导搬迁户摒弃生活陋习,养成文明健康的生活习惯;三是修建小区澡堂,并配备澡堂管理人员,解决老年人不会使用热水器、不会调水温等实际困难;四是在小区管理室建立感恩课堂,为安置对象进行感恩教育,引导其树立感恩情怀,并辐射到周边各村,带动村民群众提升感恩情怀,建设和谐社会。

针对部分高龄、留守、独居和失能老年人生活不能自理且身边无子女照顾的问题,通过在 Q 易地搬迁点建立日间照料中心,购买社会服务等方式,为老年人提供生活照料服务、家政服务、文化娱乐、卫生保健、康复训练、精神慰藉等养老服务。明确构建社区、居家、机构相协调和医养康养相结合的养老服务体系,满足辖区内老年人的文化生活需求。通过社区,开展市民活动、上门服务、社区服务,让老年人感受到城市生活的这种便利性、高效性和现代化,主动移风易俗,真正适应并习惯现代城市生活秩序的需要、文明的需要。同时,鼓励政策不断创新。

6. 创新"四点半学堂"

Q 社区创新"四点半学堂",为适龄儿童开展学习辅导活动,在活动中培养他们的兴趣爱好,教授文明礼仪和安全知识。这也充分解决安置点上孩子们下午放学后至家长下班间的"真空时间"。学堂配有教室、课桌和图书,安排专人管理、学校教师、义工和志愿者轮流值班辅导孩子们的学习。目前,湖北省裴县已有 37 个安置点设有"四点半学堂",得到易地搬迁户们的一致好评。Q 社区搬迁对象子女在镇中心小学就读,孩子们放学早、学业无法辅导一直是困扰搬迁对象的难题。为了解决这一现状,结合该小区实际情况,在该小区管理室成立了四点半爱心课堂,由社区主任、副主任、镇团委和镇机关党支部的年轻人对爱心课堂结对子,为该小区内的 24 名小学生在每日下午 4 点放学到家长下班 6 点回家的这个时间段内提供学习、阅读和托管的地方,为他们讲解作业、参与趣味游戏、引导他们树立积极健康向上的人生观、价值观,用爱心去关心贫困儿童,受到了孩子们的欢迎、大人们的安心,提升了安置对象的满意度。通过购买服务的方式，依托社区社会工作站，组织社工为社区儿童开展各方面社会工作服务。调研中，民政局副局长告诉我们：

> "社工开展青少年社会工作服务。一是服务于我们的儿童。因为他们的父母亲都外出务工了，然后他放学回来的时候，来到我们的儿童之家，就由我们的社工为其辅导一些学业，还有一些不规范的行为，比如乱扔垃圾，需要通过我们的社工去校正。二是农村家长在教育孩子的时候，要么打、要么就骂，然后通过我们的社工去校正家长的一些观念。"

三、"能致富"："村改居"社区的产业发展

1. 培育特色产业

新阶段"易地搬迁"扶贫应把握五大关键，即高度重视规划谋划先行、利益权益保障、经济社会融入、公共服务效率和因地制宜推进。转变新阶段中国"易地搬迁"扶贫的战略定位，要赋予"易地搬迁"多种功能，要通过贫困人口的易地搬迁和空间转换，优化公共资源和生产要素配置，高起点解决贫困问题，高效率配置公共资源，高强度转换产业格局，阻断贫困根源，使搬迁人口从根本上摆脱贫困，走上持续减贫和脱贫发展的康庄大道。[①] 湖北省秭县建立风险可控、利益可见、未来可期的利益联结机制，将易地搬迁安置区群众紧紧地拴在产业链上，呈现出家家联产业、户户有就业、月月有收入的良好格局。Q 社区利用安置区一楼架空层 6.7

---

① 黄祖辉：《新阶段中国"易地搬迁"扶贫战略：新定位与五大关键》，《学术月刊》2020 年第 9 期。

万平方米,在安置区科学规划建设标准厂房3.5万平方米,实行重资产招商。目前,已引进准者体育、振宇机械、达达服饰、静等花开等48家企业落户安置区,吸纳1600余名易地搬迁对象就业,平均月工资在3000元左右。已培育准者体育、振宇机械、达达服饰、喜得利生物科技和滨湖电子5家安置区企业进入规模以上企业,其中准者体育2020年生产总产值首次突破亿元大关,达1.21亿元。此外,利用县级产业发展资金和东西部扶贫协作资金7600万元,在安置区周边建设蔬菜、花卉和香菇大棚32个,建设茶叶、药材、水果等加工厂及特色产业基地116家,直接带动易地搬迁对象2000余人务工增收。引导安置区周边的65家园区企业吸纳1000余名易地搬迁对象就业。在安置区建成了千户土家小溪坝、茶旅融合五台顶、民俗风情野洪园等一批乡村生态休闲旅游示范点,让易地搬迁户依靠旅游经营、产品销售等多渠道增收。

湖北省裘县坚持把创业致富带头人队伍建设作为实施精准扶贫的突破口和着力点,努力提升他们的创业带富能力。截至目前,全县共计培训创业致富带头人522人。小骆是湖北省裘县Q社区创业致富带头人,2016年10月,小骆和丈夫小张,两个从来没做过农业的人,成立了湖北省裘县红豆果蔬种植专业合作社及生态农业有限公司,小骆负责搞发展,小张负责技术指导,采取"公司+合作社+基地+农户"的方式,在梅家坡、李子谭两个村流转土地328亩,以种植九叶青花椒为主,其他季节性蔬菜为辅。为促使创业致富带头人真正成为致富"领头雁",湖北省裘县严把创业致富带头人培育审核关,按照个人申请、"村两委"推荐、贫困村第一书记和驻村尖刀班班长考察、乡(镇)政府审核、县级扶贫部门审定的原则精准培育,并按照"村两委成员"、村级后备干部等对象确定,在全县9个乡(镇)已将522名人才遴选为创业致富带头人,按照年度计划分期进行培训,并实时发展纳入对象,为贫困群众增收树立标杆,最终实现带动共富的效果。

2. 引进扶贫企业

把安置点扶贫招商作为"一把手"工程,由湖北省裘县县委常委牵头,组织5个招商小分队,并抢抓浙江省东海市对口帮扶湖北省裘县的机遇,坚持走出招商、以商招商、以情招商。在安置区建成标准厂房6.7万平方米筑巢引凤,引进准者体育、振宇机械、达达服饰、静等花开等规模以上企业落户湖北省裘县。目前湖北省裘县的服装小镇、花卉小镇品牌效应逐步显现,带动带活了贫困山区乡镇企业蓬勃发展。利用安置点社区一楼架空层5.1万平方米,引进电子元件、工艺品、卫生洁具加工等劳动密集型企业落户安置点。目前已有48家企业落户安置区,吸纳1500余名易地搬迁对象就业,平均月工资在2500元左右。同时,扶贫车间和标准厂房租金收入继续用于安置点后续管理和发展。

同时,加大湖北省裘县产品入浙江省东海市的各种活动力度,加大对湖北省裘县茶叶、水果及其他特色农产品的推介展示。积极发动企业、社会组织和个人,帮助销售和购买湖北省裘县产品。深入开展电商合作,进一步发挥浙江省东海市电商产业发展优势,加强对湖北省裘县电商企业扶持,深入开展技术指导和人才培训,加大湖北省裘县产品的线上销售。持续深化旅游合作,在浙江省东海市联合开展湖北省裘县旅游推介活动,继续巩固和扩大工会疗养规模。切实加大招商推介,共享招商平台,加强招商合作,开展联合招商,吸引企业来宣投资。

最后,加强宣传,动员搬迁户到扶贫车间实现就业。通过入户走访、电话回访等方式,向广大搬迁群众宣传扶贫车间的基本情况、工作种类、工资收入等情况,通过宣传工作,增进搬迁户对扶贫车间的了解,动员搬迁劳动力就近实现就业。座谈时,湖北省人社局副局长表示:

> "关于易地搬迁后续扶持工作,根据湖北省政府要求,我们在培训和就业方面会加大力度,让老百姓能够稳在本地,尽量就近就业。如果他外出就业也有补贴的,只要提供就业证明,可以获得省外 1000 元、省内 500 元的补助。我们需要加大宣传力度。"

3. 盘活群众家业

鼓励市场主体流转易地搬迁户土地、山林发展经济作物,按一次性 300 元/亩奖补给市场主体,激发市场主体活力。将易地搬迁户山林调级为省级公益林,仅此一项每年政策性转移性收入达 268.3 万元。同时整合各村土地、山林、鱼塘、果园等集体资产资源资金,入股企业经营,探索企业补偿村级收益量化分配给搬迁户的资产收益扶贫长效机制。例如,湖北省裘县扬帆农业有限公司 2019 年为宁园 43 户易地搬迁户发放土地租金和入股分红 41 万元。鼓励有意愿、有能力的易地搬迁户创业,累计为 2285 户易地搬迁对象发放扶贫小额信贷 5015.13 万元。座谈时湖北省裘县胡副县长告诉我们:

> "湖北省裘县是一个农业县,易地搬迁以后,我们将引进农业加工企业,推动农民就业增收。距离安置点比较近的农户可以自己经营土地,距离比较远的,将采取土地统一流转的

方式,确保耕地不荒芜。农户的耕地,将发展长效经济的农业,像我们杉木、药材、油茶、水果这些有长效经济的农业,再通过对农户的承包地和林地的产权进行流转或者是抵押贷款的方式,盘活起来。"

4.分类促进就业

移民的发展是一个长期的过程,难以在短期内就能达到较高水平。易地搬迁移民的可持续发展还需建立政府、社会和移民三方共同体。让移民政策既能得到贯彻落实,又能让社会力量注入,以此来推动移民的可持续发展。① 湖北省裴县县直各部门、易地搬迁社区和安置点企业针对弱劳动力群体开发公益性岗位 1000余个,实现托底安置。对已在外地稳定就业的易地搬迁对象,人社部门做好技能提升培训、就业跟踪服务,让外出务工人员"稳住就业、稳住收入"。疫情期间,县、乡、村整体联动,驻村干部深入每家每户联系对接用工企业。出台奖补政策,引导安置区周边的 65家园区企业吸纳 1000 余名易地搬迁对象就业。设立保洁、保安、河道管理员等岗位,惠及易地搬迁对象 394 人。将无力就业等特别困难的搬迁户,纳入低保兜底范围,实现应保尽保,全县兜底保障易地搬迁居民 6068 人。与浙江省东海市等发达地区的企业需求无缝对接,促进 1456 名易地搬迁对象就业。

针对不同情况的扶贫搬迁群众,制定相应的就业政策。

(1)有就业能力愿意从事农业生产的,最初在集镇安置点选择后续配套产业,充分考虑到搬迁户技能单一、学历不高、择业难

---

① 阎小操、陈绍军:《重启与激活:后扶贫时代易地搬迁移民生计转型与发展研究——以新疆 W 县 P 村为例》,《干旱区资源与环境》2021 年第 5 期。

度大等现实困难,结合实际,瞄准用工需求量大、上岗培训期短、就业形式灵活、环保无污染的劳动密集型服装产业。在滨江畔、横家店安置点,整合 4 万亩白柚基地,打造 10 公里白柚长廊;在李家寨安置点,抢抓全县北茶南移的机遇,发展茶叶 6000 亩,正在建设万亩有机茶叶彩色走廊,采取"龙头企业+合作社+搬迁户"的模式,实现搬迁户家门口就业;在欢笑城社区,积极发展地摊经济、小买卖、微创业、夜经济等。

(2)有就业能力愿意从事工业加工的,围绕服装特色小镇谋划服装加工基地和物流中心,在银河安置点配套希望服装扶贫车间,在横家店安置点配套绘工艺品外贸创汇扶贫车间,在滨江畔安置点配套飞腾机电密封件扶贫车间,在张家寨安置点配套茶叶加工扶贫车间。目前,镇内近 10 家扶贫车间消化本地劳动力 1200余人,其中易地搬迁群众 300 余人,预计用工最多可达 1500 人。

(3)有就业意愿但劳动能力较弱的,要发挥政府、企事业单位以及村级合作社的辐射带动作用。如茶叶、白柚、猕猴桃等专业合作社,在造园、移栽和管理时为 200 余名贫困户和易地搬迁户提供季节用工机会;政府机关、中小学校、村镇银行、卫生院等单位把后勤、保洁和保安工作岗位提供给贫困户,与 25 名贫困户签订了劳动合同;张家寨商会积极倡议企业和个体工商户参与精准扶贫,为贫困户解决就业岗位 35 个。统筹"三长"资金开发公益性岗位,把山长、河长和路长的资金统筹使用,为贫困户提供就业岗位 151个;争取就业局支持公益性岗位 18 个,东西部协作企业捐赠资金解决公益性岗位 74 个。

(4)对于有劳动能力愿意外出务工的,积极组织家政保洁、建筑施工、驾驶、文明礼仪等技能培训,疫情期间,"点对点"输送到东部沿海工厂,定期举办招聘会,把州内外就业岗位送到贫困户家里,鼓励动员搬迁户家中的劳动力外出务工创业。

(5)对于残疾人、老人、慢性病患者、孤儿和特殊无劳动力人员,实行按标施保、应保尽保,及时精准进行社会兜底,兜牢兜实。

同时,针对部分年龄偏大,身有残疾,因照顾老人、小孩、病人难以转移就业的易地搬迁劳动力,安排在易地扶贫搬迁小区从事保安、保洁等工作,进行兜底安置。通过开展就业岗位推荐促进就业一批,通过引导鼓励到农业产业园区、基地、就业扶贫车间、合作社等就业解决一批,通过开发公益性岗位安置就业兜底解决一批,全面促进这部分就业困难劳动力就业,确保稳固脱贫,同步小康。

东西部协作型易地搬迁"村改居"是国家出台东西部扶贫协作政策的背景下出现的一种新型"村改居"模式。浙江省东海市与湖北省裘县通过东西协作、联姻结对,通过撤村建居,将原来生活在缺乏基本生存和发展条件地区的农村贫困人口搬迁安置到城镇地区,改善安置区的生产生活条件,帮助搬迁人口逐步脱贫致富。浙江省东海市为推动湖北省裘县经济社会发展倾注了大量人力、物力和财力,通过领导对接、人才交流、产业合作、劳务帮扶、医疗协作等措施,努力把易地搬迁"村改居"社区打造成安居的典范、就业的基地。

Q 安置点社区是湖北省裘县典型的东西协作型易地搬迁"村改居"社区,虽然取得了很多成效,但也面临一系列难题。从"村委会"到"居委会"过程中,基层组织出现了组织体系转换、政治宣传动员、集体资产处置和物业管理兜底等难题。从"农民"到"居民"过程中,居民出现日常生活方式变化、安土重迁的文化情结、红白喜事的习俗转变等社区文化适应难题。从"搬迁"到"谋生"过程中,社区出现了农民再就业、就业双方匹配难题、过度依赖专家问题、低收入群体生活保障等居民生计保障难题。面对这些挑战,湖北省裘县 Q 社区基于东西协作项目,按照"稳得住、能融入、逐步能致富"的政策,创新易地搬迁"村改居"社区的体制机制,增加服务供给,促进产业发展,将易地搬迁"村改居"社区逐渐打造成为新型城镇化、脱贫攻坚和乡村振兴的典型样板。

农村是我国推进共同富裕的重点。我国发展"短板"的区域在农村,低收入群体主要是农民,虽然农村已经摆脱绝对贫困,但要实现中等收入水平还有较大差距。东西部协作型易地搬迁"村改居",在实践探索中将资源和机会的重新调配,利用"东西部协作""先富带动后富"的制度设计,大力发展产业和提高就业,破解发展不平衡不充分难题,能够缩小城乡差距、区域差距和居民收入差距。共同富裕不仅是物质生活的共同富裕,而且是人们精神生活的共同富裕。在推动实现共同富裕上,如果只是注重人们物质生活的富裕,而忽视人们的精神生活方面的共同富裕,必然会产生公共文化服务和公共文化产品供给上的不协调、不均衡现象。东西部协作型易地搬迁"村改居"创新推行"1+6"后续管理新模式,完善配套设施、便民的服务,重建熟人社区,营造互帮互助互治氛围。此外,依据青年群体、留守妇女、老年群体、适龄儿童等各群体特点,有针对性地推动其有效融入,创建移民社区共同体。可见,东西部协作型易地搬迁"村改居"是实现共同富裕现代化的基本单元之一。

未来如何进一步巩固拓展脱贫攻坚成果,是东西部协作型易地搬迁"村改居"社区可持续发展的重要课题。我们认为应该从两个方面入手：一方面，需要实现治理机制的转型，从脱贫攻坚时期的探索式和运动式治理模式转向常态化长效性的治理模式。在脱贫攻坚"运动式治理"结束后，应该设立长效治理机制，防止返贫的现象出现。一旦出现"反弹"，非常规化的"运动式治理"便再次启动，最终会陷入"治乱循环"的困难。另一方面，需要实现治理方式的转型，从脱贫攻坚时期的政府主导向政府、市场、社会等多元主体协同共治过渡。政府主导的贫困治理模式主要表现在各级政府将扶贫工作作为地方治理的核心工作，各项事务都由各级政府去负责推动。在未来发展过程中，我们完善以政府为主导的贫困治理模式，发挥市场资源配置的作用和社会主体的动员参与机制，形成以政府、市场和社会协同共治。未来东西部协作型易地搬迁"村改居"只有在巩固拓展脱贫攻坚成果基础上衔接推进乡村振兴，才能进一步实现共同富裕。

第五章　深层透视与延伸拓展

　　随着城镇化进程的不断加速,在党委领导和基层政府的推动下,城市周边或"一方水土无法养育一方人"的部分地区村委会,在撤村建居、并村建居、易地搬迁过程中,将村民以集中居住安置到城镇回迁社区,原村民身份变更为居民,村委会转为居委会。乡村组织形态向城市组织形态更替是一个长期的过程,而"村改居"的行政化推动,打破了城镇化缓慢的社会组织、生活方式的演变进程。这是社会经济结构、人口、生活特征由乡村向城市全方位转变的过程,改变了村落原有的生活空间和物理景观,也滋生了城与乡、现代与传统等复杂的矛盾性问题。我们对"村改居"及其社区形态的研究有两个分析视角与价值判断:一个是优势视角。"村改居"虽带有行政化逻辑与极速型特征,但不可否认的是"村改居"很大程度上实现了村民市民化的社会福利与身份,也为城乡融合找到切入点,为新型城镇化与乡村振兴的有效衔接找到实践空间。另一个是问题视角。"村改居"进程与"村改居"社区的问题已然被广大研究者所呈现与构建,有些问题是技术性的和暂时性的,有些却是结构性的,对问题分析与治理逻辑要采取一种差异化分析逻辑,采取问题解决与政策建议相结合的路径优化策略。

第一节 "村改居"社区转型的深层透视

一、"村改居"到"村改居"社区

"村改居"不仅是我国城市化发展过程中的独特道路,而且是实现城乡融合的重要途径,对农民的生产生活方式带来各种城市化、现代化的改变。从基础设施与公共服务层面来看,新的社区建设更带有"城市感",从村开始进一步完善教育、卫生等基础设施以及居民的社保、医疗、救助、教育等基本公共服务;从基层治理体系层面来看,从"村改居"到"村改居"社区是一个复杂的演化过程,其社区具体形态和社会关系结构将会更加错综繁杂,社区成员异质性将会进一步加强,呈现出原熟人社会组成新陌生人社区的混合形态。

"村改居"到"村改居"社区已然不是一个简单地从"撤村、并村"的过程,而是关系到农村土地性质变更、集体资产处置、居住空间布局变化、组织职能转变、治理模式变迁、基础设施与公共服务匹配以及村民身份转换等多方面的过程。党的十九大报告以及近年来的中央"一号文件"一再强调农村变革、农民市民化、农村劳动力转移等问题。作为城市化进程中出现的新事物,"村改居"社区不仅具有一般社区的基本构成和主要特征,又有自己特有的内在规定性,存在现代文明与传统落后等交织的居住样态。从"村改居"到"村改居"社区是进一步推进新型城镇化发展过程的重要环节,其重点是强调实现"农村人的现代化"。

我国的"村改居"既是对城乡发展不协调和城乡融合不顺畅的一种政策应答和战略性回应,也是经济社会和政治文化发展到一定历史阶段的必然产物。在"以人为核心"的新型城镇化理念与现有政策背景下,借助国家、市场、社会等主体力量,实现"村改居"到"村改居"社区具有重要意义。从"村"到"居"、从"村民"到"居民",不仅实现"村"的体制转换、"人"的身份转变,而且生活环境得以改善、私有权益受到保护、生活水平和质量逐渐提高,同时也逐步融入城市社会保障福利体系,实现了某种程度上的身份市民化和生产非农化。此外,在国家不断进入社区和外来制度与现代规制对"村改居"社区的塑造力逐渐增大的状况下,"村改居"社区已成为"嵌入"社区居民和公司股民诉求以及使各种诉求得到满足的生活共同体,其中内蕴着对共同体成员的保障性诉求与实现方式,在某种程度上也实现了服务的社区化。

在中国式城市化、精准扶贫与乡村振兴等国家战略推进下,"村改居"作为一种中国特有的城市化模式已经呈现出了形态各异的实践样态,例如城郊接合部"村改居"、城中村"村改居"、东西部协作型易地搬迁"村改居"等。在统一的"村改居"导向下,既显示出朝向城市化的趋向与过程性,也存在诸多"村改居"社区特有的问题。例如经济迅速"增长"与社会资本急剧"削弱"并行状态下的"村改居"社区,居民户口身份转化与实质性市民待遇不一致等因素,加剧了"村改居"社区居民焦虑。"愁适应""愁生计""愁养老""愁医疗"是该群体的生活变迁的生动写照。作为中国独特的城市化道路——"村改居",是塑造当前中国社会景观的重要力量之一,必将对城乡融合发展、乡村振兴以及以人为核心的新型城镇化建设产生重要的理论和实践价值。"村改居"实质就是从

"改"入手，以行政命令式的方式，打破束缚城乡之间和谐共生发展的二元分割体制之藩篱，破除城乡之间既有的分割、分离和分立状态，全面激发农村沉寂的发展活力，逐步缩小城乡间差距，促进城乡之间的亲密融合和共同繁荣。

二、"村改居"社区现状

"村改居"社区作为新型城镇化进程中的过渡性产物，区别于农村村落和城市社区的特点，其建设必然存在一定问题。比如"村改居"社区硬件整治工程基本到位，但是软性服务还"走在路上"。居民自治水平与现有的"居民公约"等规范履行还有差距。"村改居"社区长效管理制度还没有完全规范到位，离法制化、精细化和制度化还有一定差距等。总的来说，主要有"改居"前的遗留问题和"改居"后的治理问题。

1."改居"前的遗留问题

（1）社区管理体制没有理顺。一是社区治理的组织架构方面。从国家—农民关系视角看，村委会仍扮演着国家、农民双重代理人角色，村民委员会及村民自治的社会基础仍然普遍存在；从国家—其他合作伙伴关系看，社区党组织、居委会、社区服务中心等与集体经济管理组织之间存在较大矛盾，"三套班子、一套人马"格局相互权责关系不清。二是经济职能和社会管理职能尚未理顺。股份经济合作社仍负担原行政村所承担的社会管理职能，许多居民在医疗、就业、就学、环境卫生等问题，仍习惯找股份经济合作社负责人解决，既牵制了合作社经营班子的精力，也不利于合作社的市场化运转。三是居委会和集体经济组织的关系方面。居委会和集体经济组织的分离和分权,给社区工作效率、社区矛盾与组织冲突带来了消极影响;居委会(村委会)主任与股份公司董事长"一肩挑"的设置,对社区民主的贯彻、社区治理观念的转型以及居民市民化等也产生了损害。

(2)集体资产的去向与收益分配问题。一是集体经济的产权归属方面。集体资产难以有效量化和量化不准;农嫁非、非嫁农、农嫁农以及大学生强制农转非等情况的存在,使资产量化操作更加难以公平、公正、合理落地。二是集体经济的组织经营方面。还未真正形成一套符合实际情况的常态化运作机制、约束机制和保障机制;股份公司的封闭性和排外性,抑制了股份合作制经济发展后劲和新活力。三是集体资产的收益与分配方面。集体资产所有人界定不明、资产分配缺乏统一的立法支持和有效的外部监督,标准不一、做法不同,导致纠纷不断;社区集体经济怎么来、怎么去、如何分、怎么分成为"村改居"社区一项重要问题。

(3)社区管理的城乡二元。一是社区服务供给方面。"村改居"社区的公共服务和设施落后不是特例,而是普遍现象;在社会保障方面,虽被纳入城市公共财政体系,但是各类保障仍带有不确定性且缺乏可持续性。二是社区服务体系方面。"村改居"社区的福利和公共服务水平不仅跟当地经济发展水平、基层政府的政策实践力度相关,还跟社区集体经济发展水平关系密切,仍带有传统村落沿袭、自发形成等特点;社区环境、垃圾运输、治安管理以及医疗等方面,政府与集体如何安排资源、如何建设等都存在盲点。三是社区资源配置方面。"村改居"社区的公共服务和公共产品供给与城市社区有区别,存在把"村改居"社区的管理人为地分割为政府管理和村庄管理,从而实现差异性的资源配置。

2."改居"后的治理问题

从农村社区向城市社区转型,呈现了原村民与城市居民有较大差别、社会信任难以建立、互惠规范匮乏严重、邻里关系网络不够密集等方面的特征,并带来公共服务能力不足、社区专业人才缺乏、社区自治参与不积极等问题。

(1)公共服务能力不足。一是社区干部管理理念滞后。"村改居"后大部分社区的干部队伍基本上来自原"村两委"班子成员,他们在年龄结构、文化水平、观念素质、服务协调能力等方面和现代城市社区的要求仍存在明显差距,不仅缺乏社会工作、社区工作专业技能和管理技能,而且学习能力较低,不能满足社区居民的多元化需求。二是社区运行资金来源不稳定,资金缺口依然较大。易地扶贫搬迁"上楼"的配套资金到位的难度更大,加上配套供给存在针对性不强、转移支付过于均等化、责任划分不明确等问题,给居委会自治的经费来源增添压力。

(2)社区专业人才缺乏,岗位工作流动性较大。一是人才数量配备不足。"村改居"社区专业人才数量配备不足,供需矛盾突出;二是拥有初级或中级社工资格证专业人才少;三是经济待遇和政治待遇不高,培训、晋升以及激励机制不完善,专业社工人才流失十分严重。

(3)居民自治参与不积极。一是居民社会参与意识不强,参与平台有待完善。居民对传统农村村落的社会思想、社会行为、社会交往、社会地位等具有较强的依赖感和认同心理;信息化参与平台利用率不高,不仅与居民自身文化素质相对落后有关,也与平台运营乏力有较大关联;社会组织发展状况不乐观。二是居民参与管理积极性不高,社区自治制度需进一步完善。"社区工作听证会""社区事务协调会""社区居民代表大会制度"在居民中的知晓度不高、参与度较低;"社区公约""村规民约"等社区层面的规章制度依旧缺乏。

三、"村改居"社区问题治理

"村改居"社区所呈现的问题,使"村改居"社区处在村落乡土社会结构和治理机制与现代城市社会样态和治理逻辑之间矛盾的夹缝之中,需要不断完善社区治理体制、加大公共服务供给、发挥居民参与意识、引进社区专业人才等方面齐头并进,实现村居元素的再转型、再融合和再社区化。

1. 完善社区治理体制

一是全面梳理街道、社区事务(服务)清单,尤其要逐步剥离社区承担的不合理的行政事务;优选懂经济、善经营、会管理的能人进入股份合作社班子;在财政、技术、人才等方面的适当帮扶,使"村改居"社区工作更加专业化。二是建立健全多元治理机制,使社区治理推进有"机"可依、有"制"可循。构建"小区党支部—业委会—物业服务企业"治理架构,使"村改居"后的社区党组织工作重心从行政村党组织转到居民利益协调和为居民排忧解难;推动以社区为平台、以社会组织为载体、以社会工作者专业人才队伍为支撑的社区管理服务新机制;建立健全社区民主协商机制和居民自治机制,形成以居民委员会为主体、以集体经济组织为经济支撑、以社区服务中心为平台枢纽的协同治理机制。

2. 加大公共服务供给和推进基础设施建设

一要加大对"村改居"社区的公共服务供给。例如对于搬迁农户而言，能否建立农村养老保险、最低生活保障、农村新型合作医疗保险等与城镇居民各类社会保障制度的衔接和转换机制。要加大关注征地问题、就业创业问题、老年居民养老问题、生活保障等与居民切身利益相关问题，为易地搬迁后续可持续发展保驾护航。二要完善基础服务设施建设，加强包括社区治理、卫生环境、道路交通、亮化设施等硬件设施、软件配置、人员及资金支持方面居民的认同感与满意度。持续推进基本公共卫生、全科医疗、家庭医生签约、疾病防控、卫生监督、妇幼健康管理等方面中西部帮扶。三要加强社区居民间的文化交流，提升居民整体文明素养，增强居民对居民委员会的认同感和归属感。村史馆、乡愁馆是推动乡村文明在"村改居"社区传承与创新的重要抓手，对丰富农村的文化服务供给、满足居民的精神文化需求等大有裨益，要以文化旅游融合发展的思维，盘活文化资源，针对群众需求丰富其内涵和活动形式。

3. 发挥"村改居"社区居民的参与意识

一要培育居民"参与社区服务"的现代公民意识，逐步提高居民的社区治理参与程度，构建原村居民民主与城市社区自治的共生格局。二要增强居民自我管理、自我服务能力。为社区配备法律顾问，定期开展法律知识培训，组织开展法律进社区，提高社区治理法制化水平；在广泛征求居民意见，制定贴合社区实际、务实管用的居民公约，推动搬迁群众参与社区治理；大力推进"村改居"社区民主决策制度建设,完善信息公开和议事协商制度,建立健全事前提议、协商召集、一事一议内部运行机制。三要激发社区居民自治的内生动力。在社区党员中挖掘宣传有思想、有行动、有影响的优秀党员典型,营造因懒致贫可耻、就业致富光荣的社会氛围,激发搬迁群众就业脱贫的内生动力。全面实施积分管理制度,动员居民积极参与社区公共设施维护、公共环境爱护、志愿服务管理;构建群防群治的立体化社会治安防治体系,引领群众构筑"邻里事,邻里帮""邻里纠纷,邻里和"的和谐邻里关系。

4.引进社区专业人才

基于"村改居"社区的特殊"社情",建立一套科学合理的社区工作人才培养、评价、使用和激励机制已经势在必行。一是规范社工选聘,坚持"公开招考、公平竞争、双向选择、择优录用",推行量化培训、动态管理、绩效考评、梯次退出管理机制,推动"村改居"社区在管理体制上向城市社区接轨。二是加强社区"领头雁"队伍培育,增强社区发展机会和抗风险能力;立足当地人口结构、资源条件、居住特点、生产生活方式、文化传统等实际情况,对"村改居"社区委员会成员进行相关专业知识与素养培训,形成各具特点、功能互补的社区治理力量体系。三是制定社区工作者薪酬管理办法,执行社区工作者奖惩制度和工资晋级制度,拓宽社区工作者职业发展通道,保障和改善社区工作者的工资待遇;可参照湖北裘县四岗十八级为基础的薪酬体系,落实专职社区工作者疗休养制度、专职社区工作者带薪年休假以及每年享受免费健康体检等制度;将符合条件的社区党组织书记优先作为区管后备干部,或者打破身份界限直接担任区管干部。

第二节 "村改居"社区研究的延伸拓展

诸多研究表明，"村改居"的城镇化带有不可持续性以及"村改居"社区的过渡性。通过我们的研究，我们对城乡二元结构下对"村改居"过程、社区模式与实践进行分析，提出了三个需要继续讨论的话题：一是如何在"村改居"稳定性、过渡性之间勾勒出其未来走向，仍待深入讨论；二是"村改居"背后城镇化、现代化与乡村振兴等驱动力之间的关系及其对"村改居"影响的权重仍需细化与深化。例如，为何看似矛盾的社会结构力量在"村改居"进程却呈现互嵌的真实状态？乡村振兴如何限制或优化了"村改居"进行？三是"村改居"如何修正或创新了共同富裕、城乡关系等理论，仍需进一步分析。

一、"村改居"社区的稳定性、过渡性与未来走向

"村改居"社区所呈现的空间集聚、关系的复杂性和发展的不确定性，现代文明与传统落后、发展与曲折等交织的居住样态和现实评价，既是转型社区的必然性特征，也为社区的转型和未来走向留下了生成空间和可能。

1."村改居"社区的稳定性

"村改居"社区过渡到城市社区不是一个顺其自然的变迁，也绝不是一个渐进过程和"城乡"和谐的联姻。城市文明与城市生活的吸引、国家力量的推动以及集体主义的感召与个人权利意识

的觉醒,一起构成了"村改居"社区"改造"进程中鲜明的多元化特征和快速城市化进程的重要表征,是现代化与工业化进程的必然产物。村落到社区的生活空间变动、居民生计方式变化、社区关系弱化以及社区管理组织——居委会与工作站的建立等,不但基层政府没有做好实现社区服务与治理社区的准备,村民自身也在面对城市化生活方式之外,依然保留传统的村落记忆和生活痕迹,对传统农村在经济、日常生活、情感、社会交往、心理认同上有强烈的依赖感和认同感,这在短期内是难以彻底改变的。这种二元性一方面表现在社区组织的职能和组织体系,更渗透在村民的日常生活中,村民的生活方式和社会关系网络明显带有城市和农村的交叉性,虽然他们的物质条件尤其是居住条件得到了改变,但生活习惯、交往方式等在非物质层面还保留着农村传统的痕迹,给人以"非城非乡"的感觉。在更深的层面,这种二元性体现在居民自我认同及社会认同方面的迷失,"村改居"社区居民尽管获得了城镇"居民"身份,但多少人的自我认同及社会认同仍是"农民",一时很难有很大改变。

2. "村改居"的过渡性

与一般的过渡或边缘社区相比,"村改居"社区在形成原因、社区结构、制度构成等方面都存在很大差异,具有过渡性、二元性、复杂性等特点。"村改居"社区作为一种过渡性或边缘性社区,既被看作城市化不断提升、城市空间不断增容的产物,也被当作中国城市化进程中独特的现象,在短期内是难以彻底改变的。

在国家禁止城市"大拆大建"的背景下,"村改居"社区是老旧小区改造和城市更新类投资建设工程项目的重点对象。无论是

"原地重建"还是"拆迁安置"，诸如基础设施跟不上、管理体制有缺陷、服务能力很有限等可预见的不足之处往往被"先改了再说""先建起来再看"所掩盖，造成"改"了没多久就要"更新升级"，而所谓的"升级"往往也只是可视范围内的硬件设施换新等。

3."村改居"的未来走向

"村改居"社区是现代化改革过程中农村社区滞后的内在改革动力和强大的外在推动力共同作用的结果，转型过程中，带有"制度同体"①的内在属性和优势。一方面，相对城市社区来说，"村改居"社区居民之间有着程度不同的地缘或血缘关系，彼此之间比较亲近，社区认同感十分强烈，具有邻里相望、协作互助、关注社区和参与社区公共事务的习惯和传统；另一方面，在外来人口不断涌入，社区边界被打破，集体经济和个人生产转型，社区异质性增大的背景下，"村改居"社区中原有的出入相友、真诚守望等传统文化资源不断流失和消散，开放、竞争、契约等现代性理念和新的规则意识逐步形成。如何实现"村改居"社区的内生转型与外生转型的融合或者国家—市场等外来力量与社区内在力量的衔接，是"村改居"社区转型的必然之路。

一是集体经济的确权、经营和收益方式，包括权益的存续、传递、转让和终止，这个过程中出现滋生腐败的可能性更加凸显。所以，要把重心后移，重点不在于"改"的过程，而在于"改"成之后的治理。因此，一方面要在"改"之前，对"改"的顶层设计有充分思考；另一方面在"改"之后，对"村改居"社区的经营与管理需要引

---

① 营立成、刘迟：《社区研究的两种取向及其反思——以斐迪南·滕尼斯为起点》，《城市发展研究》2016 年第 2 期。

起高度关注。

二是"村改居"社区的融入。"村改居"不是简单的"翻牌"，重要的是要保障改居后农民的未来生活，使他们能够真正"融入城市"，对城市产生新的认同感。国家与社会、城市与乡村、传统与现代等两种完全不同力量之间的互动必然会产生混合、混乱和混淆。"村改居"社区未来走向绕不开"融入"二字，如何让"老村民"真正融入"新社区"、如何让"改后的社区"真正融入"既有的城镇"、如何让"村改居"社区居民真正融入"城镇生活"、如何让"村改居"内部"城"与"乡"两种力量在实践塑造"村改居"社区的政治、经济、文化和社会面貌进程中齐头并进和多元融合？这其中充分调动居民积极性是盘活"转制社区"活力的可行之路，达成国家与村民利益的一致性是"转制社区"治理的关键，实现城乡共治或城乡互补是"村改居"未来之路。

真正解决"村改居"社区居民的社区融合问题，首要任务是不断增强社区"新居民"对于新社区的认同感和心理归属感。一方面居委会可以通过设置像社区活动室、图书阅览室、娱乐室、便民服务室、社区邻里中心等公共活动空间与场所，整合过往村落中的风俗文化和集体记忆，以此回应社区"新居民"的乡土情怀与心理需求。另一方面，现代城市文明、国家制度或社会文化进入"村改居"社区，不仅需要尊重社区传统和文化习惯，需要契合社区居民生活习惯和社区需求，可以借助中国节日传统等时间节点，通过举办趣味运动会、棋牌比赛、广场舞大赛等各种类型的文娱活动，构建一个具有开放多元的社会文化、公平正义的社会环境和有较强心理归属感的社区共同体。

二、"村改居"视野下的城镇化、乡村振兴与现代化

中国的城市化推进正从当下的数量快速增长向质量快速提升转化，对我国社会资源、社会结构、社会生活和社会生产方式带来的影响都是全方位的，尤其对农村社区的发展带来巨大的挑战，并成为许多农村社区转型的逻辑起点。在此背景下，农村社区究竟如何实现更好的持续发展，既是一个重大的理论课题，也是一个迫切需要解决的现实问题，在此方面"村改居"提供很多积极贡献。

1. 反思城镇化

城镇化是农村人口不断发展为城镇人口，农村区域逐步转化为城镇区域的过程。我国的城镇化进程起步于清末民初，但是其真正发展则起步于新中国成立之后。根据城镇化的主要动力和国家政策的基本设定，新中国成立后我国的城镇化经过起步、调整发展和快速发展三个阶段。改革开放之前，我国的城镇化发展动力，虽然有工业化发展的推动效应，但受国家政策严格约束，城镇化和工业化发展之间的关系并不直接。1978年后，尤其是邓小平同志南方谈话后，各类资源的自由流动发展迅速，城市和市场的合力最终得以实现，城镇化发展迎来稳定的黄金发展期。《国家新型城镇化规划（2014—2020）》强调城镇化是解决农业、农村、农民问题的重要途径，是扩大内需和促进产业升级的重要抓手。作为世界上最大的发展中国家，我国的城镇化发展对世界影响是巨大的，但是由于种种因素的交叉叠加影响，我国城镇化的健康可持续发展仍然任重道远。

"村改居"是我国推进城市化进程中的重要举措。自20世纪90年代，浙江省"撤村建居"试点工作后，全国各地陆续开展了以

"村改居"方式将农村社区过渡到城市社区。我国城镇化建设驱动的"村改居"浪潮，不仅带来了农村发展理念、发展定位和发展方式的调整，也带来了农村社区形态和家庭结构的深刻变迁，是政府、社会和市场相互协调，生产、生活和生态相融合的整体性治理过程。人民对美好生活的向往与发展不平衡不充分是新时代社会主要矛盾。面对新时代社会需求的变化，党的十八届三中全会提出要推进以人为核心的城镇化。2013 年 12 月召开的中央城镇化工作会议也指出，解决好人的问题是推进新型城镇化的关键。2014 年国务院印发的《关于进一步推进户籍制度改革的意见》进一步指出"促进有能力在城镇稳定就业和生活的常住人口有序实现市民化"。

我国城市化及国家建设开发规划带动下的"就近城镇化"，是市场—政府共同推动下的人口城镇化。比如，易地扶贫搬迁工作的出发点与落脚点是为了帮助生活在深山中的居民走出大山，走向城镇，走向现代化，但这套制度设计及行为背后隐含的是一种用城市化的生活逻辑去取代以传统农业生产为根基的生活逻辑。新型城镇化是一场以提升人的权利、能力和福利为核心，以促进城市和农村社区管理体系融合为目标的社会建设过程。只有持续减少农民、持续增加市民、消除体制障碍、畅通人口迁移流动渠道，才能有效解决人口集聚与产业集聚同步、公共资源配置与常住人口不衔接、人口城镇化滞后于土地城镇化等问题。

2. 展望乡村振兴

党的十九大报告明确指出，乡村振兴的目标是实现"农村农业的现代化""建立健全城乡融合发展体制机制和政策体系"。农村居民对于居住环境有了更高的要求而生态环境相对较差的矛盾,农村居民对于生活环境、生活品质有个更高的需求而农村社会管理、公共服务水平相对落后的现实,农村居民期待收入增长而城乡差距依然较大的现状,是转型期新农村建设和美丽乡村建设过程中面临的突出矛盾和制约。

乡村振兴就是要推进"以城带乡",实现真正的城市化发展战略,通过乡村振兴,使广大农村居民在知识储备、财富储备和心理准备上真正融入城市文明和城市的生活方式。我国第七次全国人口普查数据显示,我国城镇常住人口为90199万人,占总人口比重为63.89%。自2010年以来,有16436万乡村人走进城市,变成城镇人口。虽然,农村发展、乡村治理没有规定的模式,也不可能有标准的答案,但是这并不否认在丰富的多样性中孕育着一致性,乡村振兴战略是我国新一轮城市化的必然要求。由于"乡村振兴"战略在全国实施时间不长、中国农村地域差异性较大以及资源整合能力和社会服务功能都较弱,因其局限性已经很难适应新形势下村民的新需求和城乡一体化的新要求,需要通过基层社会治理创新和治理能力提升来促进全域城乡融合。我国的"村改居"工程是对原有乡政村治格局下,农村所面临的生态、社会、经济、政治等多重问题的一种回应,是乡村振兴战略的示范工程和有益补充,同时也是农村变城市,农民变市民,农村生活方式变城市生活方式的重要路径。

3. 再论现代化

现代化主要是一个在经济学与社会学层面上谈论的范畴,表明社会从农业文明进入工业文明,表明社会在这一文明变化过程中在生产力、生产方式、经济增长和社会发展上与传统农业社会相比的根本变化,以及社会在城市化、信息化、教育普及、知识程度提高等方面的巨大进步。

"村改居"是改善居民生活品质、实现各种资源要素合理配置、推进基层治理体系和治理能力现代化的基础性工作。在整体性视角中保持对立又统一的认识,将城市与乡村置于平等地位,明确乡村主体地位,找准定位,挖掘发展"乡村特色"的乡村,现代化模板不再只有城市,乡村也可以成为现代化典范。基于乡村特性与发展逻辑,要改变以往城乡二元经济结构"变型"和二元社会结构"固化"状态,构建现代社会结构——保留二元特征(两者鲜明性)且发展均衡性,既重视发展适宜乡村特性、重视农民为主体的"乡村现代化",也重视"城市现代化"。

参 考 文 献

[1][法]埃米尔·涂尔干:《社会分工论》,渠东译,生活·读书·新知三联书店2000年版。

[2]白永秀、宁启:《易地扶贫搬迁机制体系研究》,《西北大学学报(哲学社会科学版)》2018年第4期。

[3]陈伯庚、陈承明:《新型城镇化与城乡一体化疑难问题探析》,《社会科学》2013年第9期。

[4]陈坚:《易地扶贫搬迁政策执行困境及对策——基于政策执行过程视角》,《探索》2017年第4期。

[5]陈彦超:《新时代中国特色社会主义现代化理论的创新与发展》,《沈阳工业大学学报(社会科学版)》2021年第1期。

[6]陈晓莉:《"村改居"社区及其问题:对城中村城市化进程的反思与改革》,《兰州学刊》2014年第3期。

[7]陈野:《乡关何处——骆家庄村落历史与城市化转型研究》,浙江人民出版社2016年版。

[8]程同顺、邢西敬:《"中心工作"机制:乡镇运行模式的一种解读——基于L市辖区乡镇的分析》,《江苏行政学院学报》2018年第2期。

［9］才馨竹：《加强农村基层党建有效推进精准扶贫》，《人民论坛》2019 年第 3 期。

［10］崔宝琛、彭华民：《空间重构视角下"村改居"社区治理》，《甘肃社会科学》2020 年第 3 期。

［11］［加］道格·桑德斯：《落脚城市——最后的人类大迁移与我们的未来》，陈信宏译，上海译文出版社 2012 年版。

［12］杜江：《新时代推进共同富裕实现的理论思考——基于财政的视角》，《求是学刊》2020 年第 3 期。

［13］方世敏、李向阳：《推进城乡融合，实现共同富裕——基于马克思主义城乡关系理论的思考》，《现代农业》2021 年第 1 期。

［14］［德］费迪南·滕尼斯：《共同体与社会——纯粹社会学的基本概念》，林荣远译，商务印书馆 1999 年版。

［15］费孝通：《江村经济——中国农民的生活》，戴可景译，江苏人民出版社 1986 年版。

［16］费孝通：《乡土中国》，北京出版集团公司、北京出版社 2011 年版。

［17］费孝通：《乡土重建》，岳麓书社 2012 年版。

［18］冯柏成：《易地扶贫搬迁居民的社会融入困境与对策——基于专业化社区服务视域》，《中国社会工作》2020 年第 34 期。

［19］郭俊华、赵培：《西北地区易地移民搬迁扶贫——既有成效、现实难点与路径选择》，《西北农林科技大学学报（社会科学版）》2019 年第 4 期。

［20］高灵芝、胡旭昌：《城市边缘地带"村改居"后的"村民自治"研究——基于济南市的调查》，《重庆社会科学》2005 年第

9 期。

[21]高强：《重视易地扶贫搬迁的后续发展问题》，《开放导报》2019 年第 4 期。

[22]龚维斌：《加强基层社会治理队伍建设》，《马克思主义与现实》2020 年第 6 期。

[23]高文勇：《十八大以来国家治理现代化研究：逻辑·视角·议题·前瞻》，《晋阳学刊》2020 年第 6 期。

[24]谷玉良：《转型社区公共性变迁及其治理研究》，《宁夏社会科学》2018 年第 4 期。

[25]顾永红、向德平、胡振光：《"村改居"社区：治理困境、目标取向与对策》，《社会主义研究》2014 年第 3 期。

[26]何得桂、党国英：《西部山区易地扶贫搬迁政策执行偏差研究——基于陕南的实地调查》，《国家行政学院学报》2015 年第 6 期。

[27]黄观鸿：《准确把握基层群众自治制度建立的历史史实》，《中国社会报》2021 年 6 月 18 日。

[28]黄祖辉：《新阶段中国"易地搬迁"扶贫战略：新定位与五大关键》，《学术月刊》2020 年第 9 期。

[29]何瑾、向德平：《易地扶贫搬迁的空间生产与减贫逻辑》，《江汉论坛》2021 年第 5 期。

[30]黄立丰：《"村改居"社区"双轨制"党建模式的运行逻辑与实践启示》，《中州学刊》2021 年第 5 期。

[31]胡位钧：《社区：新的公共空间及其可能——一个街道社区的共同体生活再造》，《上海大学学报（社会科学版）》2005 年第 5 期。

［32］韩文龙:《新时代共同富裕的理论发展与实现路径》,《马克思主义与现实》2018 年第 5 期。

［33］何得桂、党国英:《西部山区易地扶贫搬迁政策执行偏差研究——基于陕南的实地调查》,《国家行政学院学报》2015 年第 6 期。

［34］何阳:《论精准扶贫政策的不精准执行与治理——基于扶贫案例的分析》,《当代经济管理》2017 年第 7 期。

［35］何显明:《共同富裕:中国式现代化道路的本质规定》,《浙江学刊》2022 年第 2 期。

［36］黄祖辉:《新阶段中国"易地搬迁"扶贫战略:新定位与五大关键》,《学术月刊》2020 年第 9 期。

［37］［美］黄宗智:《华北的小农经济与社会变迁》,中华书局出版社 2009 年版。

［38］蒋福明、周晓阳:《论"村改居"社区文化特点及其转型的价值目标》,《云南民族大学学报》2014 年第 1 期。

［39］贾俊民、董金秋:《从传统农庄到现代城市社区转型的曲折历程——"无保调查"中保定市薛刘营村城市化进程考察》,《当代中国史研究》2012 年第 1 期。

［40］李聪、高梦:《新型城镇化对易地扶贫搬迁农户生计恢复力影响的实证》,《统计与决策》2019 年第 18 期。

［41］林亦平、陶林:《乡村振兴战略视域下田园综合体的"综合"功能研究——基于首批田园综合体试点建设项目分析》,《南京农业大学学报(社会科学版)》2020 年第 1 期。

［42］卢福营:《村民自治背景下的基层组织重构与创新——以改革以来的浙江省为例》,《社会科学》2010 年第 2 期。

[43]李培林：《巨变：村落的终结——都市里的村庄研究》，《中国社会科学》2002年第1期。

[44]李培林：《村落的终结：羊城村的故事》，中国社会科学出版社2014年版。

[45]吕青：《"村改居"社区秩序：断裂、失序与重建》，《甘肃社会科学》2015年第3期。

[46]卢世菊：《旅游扶贫中少数民族文化权益保护研究》，《学习与实践》2019年第3期。

[47]陆学艺：《城乡一体化的社会结构分析与实现路径》，《南京农业大学学报(社会科学版)》2011年第11期。

[48]林亦平、陶林：《乡村振兴战略视域下田园综合体的"综合"功能研究——基于首批田园综合体试点建设项目分析》，《南京农业大学学报(社会科学版)》2020年第1期。

[49]蓝宇蕴：《都市里的村庄：一个"新村社共同体"的实地研究》，生活·读书·新知三联书店2005年版。

[50]李聪、高梦：《新型城镇化对易地扶贫搬迁农户生计恢复力影响的实证》，《统计与决策》2019年第18期。

[51]刘祖云：《社会转型解读》，武汉大学出版社2005年版。

[52][法]孟德拉斯：《农民的终结》，李培林译，中国社会科学文献出版社2010年版。

[53]毛丹、王萍：《村级组织的农地调控权》，《社会学研究》2004年第6期。

[54]毛丹：《赋权、互动与认同：角色视角中的城郊农民市民化问题》，《社会学研究》2009年第4期。

[55]马光川、林聚任：《分割与整合：村改居的制度困境及未

来》,《山东社会科学》2015 年第 9 期。

[56]马航:《深圳城中村改造的城市社会学视野分析》,《城市规划》2007 年第 1 期。

[57]潘光辉、罗必良:《社区型股份合作制中的委托代理问题》,《中国农村经济》1998 年第 3 期。

[58]彭玮:《当前易地扶贫搬迁工作存在的问题及对策建议——基于湖北省的调研分析》,《农村经济》2017 年第 3 期。

[59]渠敬东:《坚持结构分析和机制分析相结合的学科视角,处理现代中国社会转型中的大问题》,《社会学研究》2007 年第 2 期。

[60]屈群苹:《何以解滕尼斯之忧:村改居社区治理转型中的"城乡一体化"——基于浙江省 H 市宋村的分析》,《浙江学刊》2018 年第 4 期。

[61]屈群苹、孙旭友:《"非城非乡":"村改居"社区治理问题的演进逻辑——基于浙江省 H 市宋村的考察》,《东南大学学报(社会科学版)》2018 年第 5 期。

[62]孙立平:《社会转型——发展社会学的新议题》,《社会学研究》2005 年第 1 期。

[63]孙旭友、芦信珠:《从"边界冲突"到"关系自觉"——论费孝通如何用"场"修正"差序格局"》,《中国农业大学学报(社会科学版)》2016 年第 1 期。

[64]童春阳、周扬:《中国精准扶贫驻村帮扶工作成效及其影响因素》,《地理研究》2020 年第 5 期。

[65]田鹏、陈绍军:《论"村改居"后村委会的功能嬗变》,《湖北社会科学》2015 年第 7 期。

[66]谭同学:《乡村治理中的权力、经济和文化因素——兼论乡村建设的三个面向》,《学习与实践》2007年第8期。

[67]王春光:《城市化中的"撤并村庄"与行政社会的实践逻辑》,《社会学研究》2013年第3期。

[68]王春蕊:《易地扶贫搬迁困境及破解对策》,《河北学刊》2018年第5期。

[69]王宏新、付甜、张文杰:《中国易地扶贫搬迁政策的演进特征——基于政策文本量化分析》,《国家行政学院学报》2017年第3期。

[70]王志章、王静、魏晓博:《精准脱贫与乡村振兴能够统筹衔接吗?——基于88个贫困村1158户农户的微观调查数据》,《湖南师范大学社会科学学报》2020年第2期。

[71]王俊文:《新农村建设视野下的"留守妇女"问题研究——以江西省井冈山市A镇为例》,《社会科学辑刊》2011年第1期。

[72]文军、黄锐:《超越结构与行动:论农民市民化的困境及其出路——以上海郊区的调查为例》,《吉林大学社会科学学报》2011年第2期。

[73]汪磊、汪霞:《易地扶贫搬迁前后农户生计资本演化及其对增收的贡献度分析——基于贵州省的调查研究》,《探索》2016年第6期。

[74]魏立华、阎小培:《中国经济发达地区城市非正式移民聚居区——城中村的形成与演进》,《管理世界》2005年第8期。

[75][德]乌尔里希·贝克:《什么是全球化? 全球主义的曲解:应对全球化》,常和芳译,华东师范大学出版社2008年版。

[76]王晓毅:《易地搬迁与精准扶贫:宁夏生态移民再考察》,《新视野》2017年第2期。

[77]王晓毅:《易地扶贫搬迁方式的转变与创新》,《改革》2016年第8期。

[78]吴飞:《从丧服制度看"差序格局"——对一个经典概念的再反思》,《开放时代》2011年第1期。

[79]吴玲、施国庆:《论政府在救助弱势群体中的作用》,《河海大学学报(哲学社会科学版)》2005年第1期。

[80]吴婧:《失地农民的再就业困境及就业率提升的路径探索》,《江苏社会科学》2017年第3期。

[81]吴尚丽:《易地搬迁中的文化治理研究——以贵州黔西南州为例》,《贵州民族研究》2019年第6期。

[82]吴新叶、牛晨光:《易地扶贫搬迁安置社区的紧张与化解》,《华南农业大学学报(社会科学版)》2018年第2期。

[83]吴晓燕:《从文化建设到社区认同:村改居社区的治理》,《华中师范大学学报》2011年第5期。

[84]吴莹:《村委会"变形记":农村回迁社区的基层组织建设研究》,《社会发展研究》2014年第3期。

[85]吴莹:《空间变革下的治理策略——"村改居"社区基层治理转型研究》,《社会学研究》2017年第6期。

[86]吴业苗:《居村农民市民化:何以可能?——基于城乡一体化进路的理论与实证分析》,《社会科学》2010年第7期。

[87]王艳雪:《场域理论视角下农村精准扶贫的困境及其原因——基于内蒙古B村的实证研究》,《社会建设》2019年第5期。

[88]王志章、王静、魏晓博:《精准脱贫与乡村振兴能够统筹

衔接吗？——基于 88 个贫困村 1158 户农户的微观调查数据》，《湖南师范大学社会科学学报》2020 年第 2 期。

[89]辛宝英：《城乡融合的新型城镇化战略：实现路径与推进战略》，《山东社会科学》2020 年第 5 期。

[90]许汉泽：《"后扶贫时代"易地扶贫搬迁的实践困境及政策优化——以秦巴山区 Y 镇扶贫搬迁安置社区为例》，《华东理工大学学报（社会科学版）》2021 年第 2 期。

[91]萧楼：《夏村社会：中国"江南"农村的日常生活和社会结构（1976—2006）》，生活·读书·新知三联书店 2010 年版。

[92]轩明飞：《村（居）改制：城市化背景下的制度变迁》，社会科学文献出版社 2008 年版。

[93]夏柱智：《土地增减挂钩扶贫：易地扶贫搬迁中的土地政策创新及其困境》，《贵州社会科学》2019 年第 11 期。

[94]杨贵华：《转型与创生："村改居"社区组织建设》，社会科学文献出版社 2014 年版。

[95]杨贵华：《集体资产改制背景下"村改居"社区股份合作组织研究》，《社会科学》2014 年第 8 期。

[96]于建嵘：《当前农民维权的一个解释框架》，《社会学研究》2004 年第 2 期。

[97]郁建兴：《中国地方治理的过去、现在与未来》，《治理研究》2018 年第 1 期。

[98]尹雷：《式微与重构：后城中村时代"村改居"社区治理困境的社会学阐释——以日照市 3 社区为例》，《齐鲁学刊》2021 年第 2 期。

[99]杨善民、张璐等：《新型城镇化背景下集体经济改制问题

研究——以青岛市黄岛区丁家河社区为例》,《东岳论丛》2013 年第 11 期。

[100]尹雷:《式微与重构:后城中村时代"村改居"社区治理困境的社会学阐释——以日照市 3 社区为例》,《齐鲁学刊》2021 年第 2 期。

[101]叶雪梅:《"三农"问题、城乡一体化与和谐社会的构建》,《马克思主义与现实》2006 年第 3 期。

[102]张鸿雁:《中国新型城镇化理论与实践创新》,《社会学研究》2013 年第 3 期。

[103]张雨林:《论城乡一体化》,《社会学研究》1988 年第 5 期。

[104]张雨林:《城乡协调发展与城镇体系的整体优化》,《社会学研究》1990 年第 3 期。

[105]赵美英、李卫平、陈华东:《城市化进程中农民集中居住生活形态转型研究》,《农村经济与科技》2010 年第 11 期。

[106]郑风田、赵淑芳:《城市化过程中"农转居"与农村集体资产改制问题研究》,《中州学刊》2005 年第 6 期。

[107]郑娜娜、许佳君:《易地搬迁移民社区文化治理的实践逻辑——以陕南 G 社区为例》,《云南大学学报(社会科学版)》2020 年第 1 期。

[108]周大鸣、周博:《"村改居"后集体资产问题的思考——以珠三角为例》,《社会学评论》2021 年第 1 期。

[109]周恩宇、卯丹:《易地扶贫搬迁的实践及其后果——一项社会文化转型视角的分析》,《中国农业大学学报(社会科学版)》2017 年第 2 期。

[110]周飞舟：《从汲取型政权到"悬浮型"政权——税费改革对国家与农民关系之影响》，《社会学研究》2006年第3期。

[111]庄天慧、孙锦杨、杨浩：《精准脱贫与乡村振兴的内在逻辑及有机衔接路径研究》，《西南民族大学学报（人文社科版）》2018年第12期。

[112]翟学伟：《再论差序格局的贡献、局限与理论遗产》，《中国社会科学》2009年第3期。

[113]折晓叶：《村庄的再造——一个"超级村庄"的社会变迁》，中国社会出版社1997年版。

[114]折晓叶：《村庄边界的多元化——经济边界开放与社会边界封闭的冲突与共生》，《中国社会科学》1999年第3期。

[115]邹英、向德平：《易地扶贫搬迁贫困户市民化困境及其路径选择》，《江苏行政学院学报》2017年第2期。

[116]Andrew, Walder G., "Local Governments as Industrial Firms: An Organizational Analysis of China's Transitional Economy", *American Journal of Sociology*, Vol.101, No.2, 1995.

[117]Chan, K. W., *Cities with Invisible Walls: Reinterpreting Urbanization in Post-1949 China*, Oxford University Press, 1994.

[118]Cloke, P., "Country Backwater to Virtual Village? Rural Studies and The Cultural Turn", *Journal of Rural Studies*, Vol.13, No.4, 1997.

[119]Daniel, Z., et al., "Modeling the Dynamics of Landscape Structure in Asia's Emerging Desakota Regions: A Case Study in Shenzhen", *Landscape & Urban Planning*, Vol.53, 2001.

[120]Douglas, Mary, *Risk and Blame: Essays in Cultural Theory*,

London：Routledge，1992.

［121］Essex，S.，Yarwood，R.，Gilg，A.，*Rural Changes and Sustainability*，Wallingford：CABI Publishing，2015.

［122］Fischer，C.S.，*To Dwell Among Friends：Personal Networks in Town and City*，Chicago：University of Chicago Press，1982.

［123］Freedman，Maurice，*Ritual Aspects of Chinese Kinship and Marriage*，California：Stanford University Press，1970.

［124］Friedman，L.M.，*Government and Slum Housing：A Century of Frustration*，Chicago：Rand McNally，1969.

［125］Hammar，T.，"Citizens and Citizenship in New Concepts of Citizenship"，*The American Journal of Sociology*，Vol.83，No.6，1990.

［126］Harvey，D.，*The Urbanization of Capital：Studies in the History and Theory of Capitalist Urbanization*，Oxford：Basil Blackwell Press，1985.

［127］Hilley，G. A. JR.，"Definition of Community：Area of Agreement"，*Rural Sociology*，Vol.20，No.2，1995.

［128］Lefebvre H.，*The Production of Space*，Oxford：Blackwell Press，1991.

［129］Lin Nan，"Local Market Socialism：Local Corporatism in Action in Rural China"，*Theory and Society*，Vol.24，No.3，1995.

［130］Lynch，Kenneth，*Rural-Urban Interaction in the Developing World*，London and New York：Routlege，2005，p.181.

［131］MeGee，T. G.，Greenberg，Charles，"The Emergence of Extended Metropolitan Regions in ASEAN towards the Year 2000"，*ASEAN Economic Bulletin*，Vol.9，No.1，Jul.1992.

［132］Ong, Aihwa and Zhang Li, *Privatizing China—Powers of theSelf*, *Socialism from Afar*, Cornell University Press, 2008.

［133］Park, R.E., Burgess, E.W. et al., *The City Chicago*, Chicago University Press, 1925.

［134］Peng Yusheng, "Chinese Villages and townships as Industrial Corporations: Ownership, Governance, and Market Discipline", *The American Journal of Sociology*, Vol.106, No.5, 2001.

［135］Phillips, M., Rob Fish & Jennifer Agg., "Putting Together Ruralities: Toward a Symbolic Analysis of Rurality in the British Mass Media", *Journal of Rural Studies*, Vol.17, No.1, 2001.

［136］Potter, Jack M., *Capitalism and the Chinese Peasant*, Berkeley: University of California Press, 1968.

［137］Shen, J., Feng Z. and Wong K.Y., "Dual-track Urbanization in a Transitional: The case of Peal River Delta in south China", *Habital International*, Vol.23, No.7, 2016.

［138］Tacoli, C., "Rura-urban Interactions: A Guide to the Literature", *Environment and Urbanisation*, Vol.10, No.1, 1998.

［139］Walder, A.G., "Local Governments as Industrial Firms: an Organizational Analysis of China's Transitional Economy", *American Journal of Socialogy*, Vol.101, No.2, 1995.

［140］White, Gordon, "Prospects for Civil Society in China: A Case study of Xiaoshan City", *The Australian Journal of Chinese Affairs*, No.29, Jan., 1993.

［141］Wirth, Louis, "Urbanism as a Way of Life", *American Journal of Sociology*, Vol.44, No.1, 1938.

后　记

　　"村改居"是中国城市化的独特道路和城乡一元整合的试验田,浓缩了城乡产业结构、文化心理和行为模式等。在推进以"人为核心"的新型城镇化理念与政策背景下,如何凭借国家、市场和社会等主体力量,破解"村"改为"居"后的诸多难题已成为新时期考验国家治理能力的重要命题和学界研究的焦点。

　　本书是笔者多年潜心研究的成果。感谢中共浙江省委党校为自己创造了一个潜心钻研学术的氛围,感谢导师何显明教授为本书作序和一路的厚爱和支持。感谢陈晔主任、裘部长、罗局长,因为你们的牵线搭桥,使我有机会实地调研并深入走访我国中西部地区易地搬迁"村改居"社区的建设情况。作为一线工作者,他们还为我呈现很多"现实场景",使本书的研究更接"地气"。

　　中西部调研中,碰到了许多感人事迹:以陈晔主任、裘部长、罗局长为代表的"东西部协作"扶贫干部,放弃东部优越的工作生活条件,带着感情、资源投身中西部扶贫开发,在构建"优势互补、长期合作、聚焦扶贫、实现共赢"新格局中,他们既主动"输血",又努力帮助"造血",为中西部打赢脱贫攻坚战奠定坚实基础,谱写了东西部扶贫协作的新篇章。

中西部干部为了"美好的明天"的各种付出也给我留下深刻的印象:贵州省黔东南州 K 市扶贫干部吴副主任,身怀六甲,为了更好地服务当地百姓,她仍然深一脚浅一脚地走在充满"希望的田野里";将要退休的街道干部"顾姥姥"(大家都这么叫),在移民小区积极推广国家通用语言,在提高少数民族的汉语能力以及少数民族文化传承方面作出了很多贡献;社区主任兰英,不仅努力为来自四面八方的易地搬迁户营造良好的交往、交融、交心良好社区氛围,还积极组织志愿者在下午四点半到六点之间,为易地搬迁点小学生进行课业辅导并安排各种趣味活动,以满足孩子们课后学习和发展兴趣爱好的需求。正是这些辛勤劳作的扶贫干部,使我国在较短时间内实现全面"脱贫"并踏上奔小康之路成为可能!

已获全国优秀农民工奖章的女企业家杨杨,有巾帼不让须眉的"花木兰"气概。为了带动大家共同富裕,她不惜把自己的嫁妆变现投入到办企业、购物资中去。当被邀在北京现场观看建党百年大会时,她激动地说:"苗家儿女心向党,我希望借此机会,往后带动更多的搬迁户走向新的生活,让脱贫致富攀新高……"衷心为党的"东西部协作扶贫""东西部人才交流""共同富裕"政策鼓掌,为勤劳的中西部人民高歌赞扬!

在本书稿即将付梓之际,还要特别感谢湖北省裘县政府的精心安排以及民政局杨副局长的全程陪伴,感谢贵州省黔东南州 K 市、浙江省 Y 社区和 S 社区、山东省 X 社区以及湖北省 Q 社区各个相识、不相识的受访者,他们不仅给予了积极的配合,而且结合各自体验和工作经验提出了许多富有启发的见解,使我受益良多。感谢孙旭友、钱志远、张洁为本书提出宝贵的修改建议。感谢硕士生郝彬富、谢文强、杜劲蕾参与本书校稿。感谢我校科研处为本书出版提供的资助！也感谢学校各位领导的关心和同事胡重明老师的出版牵线，科研处黄卫堂副处长、李昊翔老师前期的支持，范增钰副处长、范森凯老师后期的协调，这里也一并感谢！感谢人民出版社郑海燕主任为本书出版付出的努力和辛勤劳动！也特别感谢父母和家人一直以来的默默付出和支持尤其儿子冯政宁的精神鼓励，他们一直是我前进的动力和基石！

"村改居"既是必解之题，也是难解之题。期待本书的问世能够为我国新型城镇化背景下"村改居"社区问题治理贡献一份绵薄之力。

屈群苹

2022 年 7 月 9 日

策划编辑：郑海燕
责任编辑：卢　安
封面设计：牛晨晨
责任校对：周晓东

图书在版编目（CIP）数据

"村改居"社区：生成逻辑与治理创新／屈群苹 著. —北京：人民出版社，
　2022.12
ISBN 978－7－01－025263－6

Ⅰ.①村…　Ⅱ.①屈…　Ⅲ.①农业人口-城市化-研究-中国
Ⅳ.①C924.24②F299.21

中国版本图书馆 CIP 数据核字（2022）第 216790 号

"村改居"社区：生成逻辑与治理创新
"CUN GAI JU"SHEQU：SHENGCHENG LUOJI YU ZHILI CHUANGXIN

屈群苹　著

人民出版社 出版发行
（100706　北京市东城区隆福寺街 99 号）

中煤（北京）印务有限公司印刷　新华书店经销

2022 年 12 月第 1 版　2022 年 12 月北京第 1 次印刷
开本：710 毫米×1000 毫米 1/16　印张：15
字数：200 千字

ISBN 978－7－01－025263－6　定价：80.00 元

邮购地址 100706　北京市东城区隆福寺街 99 号
人民东方图书销售中心　电话 （010）65250042　65289539